SENDEROS 4

Spanish for a Connected World

AF778848

Writing Proficiency Workbook

VISTA®
HIGHER LEARNING

© by Vista Higher Learning, Inc. All rights reserved.

ISBN: 978-1-68005-343-2
1 2 3 4 5 6 7 8 9 BB 22 21 20 19 18 17

Table of Contents

Preface

Enhancing Writing Skills

The goal of the *Writing Proficiency Workbooks* that accompany **Senderos** is to put the skill of writing at the forefront and to hone writing skills and confidence, building in a progressive manner from word- and sentence-level production in **Senderos 1** up to full-length essays and presentation writing in **Senderos 5**.

Sequencing and Pacing

Each workbook has been carefully sequenced pedagogically in order to provide guidance in the many facets of writing, including how to make appropriate word choices, write well-crafted sentences, organize cohesive paragraphs, and sequence information chunks logically. Grammatical structures studied in the **Estructura** sections of each lesson are supported with additional practice, review, and recycling beyond the scope of the apparatus found in both the textbook and the *Cuaderno de práctica.*

Writing-specific strategies are introduced and practiced in the *Writing Proficiency Workbooks*. These strategies, which are additional to those presented in the main text, are designed to strengthen skills already acquired in traditional English or language arts courses. As a whole, they focus on information germane to writing in any academic field, although some focus specifically on differences between the grammar, syntax, and stylistics of Spanish and English. These strategies include creating simple sentences, scaffolding to create complex and compound sentences, brainstorming, freewriting, paraphrasing, summarizing, and many more.

The five levels of *Writing Proficiency Workbooks* coordinate with the American Council on the Teaching of Foreign Language's writing proficiency guidelines. Each level includes writing tasks specified by ACTFL as corresponding to the following proficiency levels:

Senderos 1	Novice Low to Novice High
Senderos 2	Intermediate Low, Intermediate Mid
Senderos 3	Intermediate Mid, Intermediate High
Senderos 4	Intermediate High, Advanced Low
Senderos 5	Advanced Low, Advanced Mid

Note that these proficiency designations refer to the writing tasks outlined by ACTFL, and not necessarily to the complete mastery of the task at that level. Students' abilities to complete these tasks will vary, and the grading rubrics found in the level answer keys provide more information about how to evaluate the mastery of a given writing task.

In accordance with the ACTFL guidelines for World-Readiness Standards for Learning Languages, most of the activities found in the *Writing Proficiency Workbooks* cue students in English to avoid providing key vocabulary or structures that might inform student production.

Focusing on the Writing Genres

Assignments created for the *Writing Proficiency Workbooks* represent writing in a variety of genres found in many real-world scenarios, gradually moving from personal writing (with which beginning students are more comfortable) to more academic and professional tasks. The goal is to promote confidence in writing production by first focusing on low-stakes subjects that are familiar and interesting. The activities then move toward more purposeful academic writing: summarizing readings, critiquing and expressing opinions, persuading, and producing presentational texts based on research. By the end of **Senderos 5**, writing tasks include producing an essay of several pages, thus moving beyond mastery of the once-revered five-paragraph essay template to more open-ended, thought-driven writing.

Tying Reading to Writing

Some of the exercises in the *Writing Proficiency Workbooks* involve summarizing readings found in the **Senderos** textbook. Summarizing is a writing skill that is useful across the curriculum, both in this course and in future language courses. In relation to the **Cultura** readings, for instance, writing tasks may involve first producing a summary of a sentence or two and progressively building toward writing a paragraph-length summary of the reading. Summarizing activities may be adapted to individual courses, expanding upon the apparatus provided here so as to pertain to other level-appropriate readings that students may locate in novels, newspapers, or online.

Integrating Individual and Collaborative Writing

Though the focus of the *Writing Proficiency Workbooks* is individual writing, there are many opportunities for pair and group collaboration as well. Many students find sharing their writing to be an embarrassing, intimidating, or unthinkable task; however, collaborative writing has become a much-sought-after skill in the job market, and students need to develop a "comfort zone" with such collaborative tasks. To this end, we have included activities that lend themselves to peer-reviewing and peer-editing practice, as well as one overtly collaborative writing exercise per lesson in all levels except Level 1, where the writing tasks are too basic for consistent collaboration. The early collaborative activities help foster sharing with peers. When instructors feel the time is right for higher-stakes sharing, any of the writing apparatus can be assigned for peer-reviewing or peer-editing.

Lección 1

1 **¡He aquí la prueba!** Cada oración relata un detalle acerca de la persona mencionada. Escribe una oración que respalde (*supports*) esta afirmación, siguiendo las indicaciones entre paréntesis.

modelo

Laura es una falsa amiga. (**presente progresivo** *con* **andar**)
Anda diciendo mentiras sobre todas nosotras.

1. Mi tío Andrés es soltero y disfruta la vida. (**ser** *o* **estar** *con* **libre**)

____

____

2. Marcos y Tito suelen (*usually*) cenar con su padre los sábados. (presente progresivo *con* **estar**)

____

____

3. Según su médico, la Sra. Roche debería dejar de comer las comidas saladas. (presente progresivo *con* **seguir**)

____

____

4. Belinda va a preparar una tarta de manzanas. (**ser** *o* **estar** *con* **verde**)

____

____

5. Esa artista llevó una vida muy turbulenta y controvertida. (**ser** *o* **estar** *con algún adjetivo*)

____

____

6. ¡Ay, tú nunca quieres hacer nada después de las clases! (presente de indicativo *de DOS verbos distintos*)

____

____

7. ¡Nuestro vecino Carlos nos dijo que había sido abducido por extraterrestres! (presente progresivo *con* **venir**)

____

____

© by Vista Higher Learning, Inc. All rights reserved.

8. Alana y Mateo se mudan a menudo. (presente progresivo *con* **llevar**)

9. Víctor es muy competitivo y no se contenta simplemente con ganar. (presente de indicativo)

10. La derrota (*defeat*) inesperada de nuestra candidata nos dejó pesimistas hacia el futuro. (presente progresivo *con* **estar**)

11. No es verdad que mamá se haya enterado de lo que hice. (presente de indicativo)

12. La maestra estaba harta de los estudiantes perezosos. (**ser** *o* **estar** *con* **aburrido**)

2

Estrategia: Practicar la escritura libre Aunque organizar tus ideas es una parte importante del proceso de escribir composiciones y ensayos, ¡primero necesitas generar ideas! Una técnica efectiva de pre-escritura se llama la **escritura libre**. Usando esta técnica escribes de manera continua e ininterrumpida, sin parar, para anotar rápidamente tus pensamientos e ideas sobre un tema determinado. No hay que preocuparse por los errores de ortografía ni de gramática, ni por el estilo de lo escrito – éstos los vas a corregir más tarde.

Para la escritura libre necesitas una hoja de papel, un lápiz y un tema general. Decide por cuánto tiempo vas a escribir (por ejemplo, 5, 10 ó 15 minutos) y empiezas. Permite que las palabras fluyan (*flow*) libremente en la página sin criticar ni limitar lo que escribes. Si te acaban las ideas, escribe "*Pienso en* [*el tema*]" hasta que se te ocurra algo nuevo. Al final del proceso, vas a tener una colección de ideas buenas, malas y extrañas y también algunas sorpresas. Todas te pueden servir a la hora de escribir el primer borrador de tu texto.

Recuerda:

- Escribe sin parar por el tiempo asignado.
- Escribe oraciones completas, no una lista de ideas.
- No hagas correcciones ni revisiones.
- No organices tus ideas mientras estás escribiendo.
- No vuelvas a leer lo que has escrito hasta que lo termines.
- Repite la técnica otra vez para explorar el tema más a fondo (*in depth*).

© by Vista Higher Learning, Inc. All rights reserved.

Nombre ______________________ Fecha ______________________

PRÁCTICA 1: Lee la siguiente carta de Alonso. Después, escribe libremente por cinco minutos para explorar los consejos que le darías para resolver su dilema.

> Me llamo Alonso. Tengo 17 años y soy de Colombia. Vine a Boston con mi familia porque mi padre consiguió un nuevo trabajo. Conocí a Sean en la clase de español. Ahora somos muy buenos amigos. Nos llevamos bien y lo pasamos muy bien en las clases. Nos gusta comparar las diferencias culturales entre los latinoamericanos y los estadounidenses.
>
> Los problemas comenzaron cuando Sean y yo empezamos a salir con un grupo de sus amigos después de las clases. Todos ellos son estadounidenses. Pienso que a nadie le interesa charlar conmigo y a mí tampoco me interesa hablar con ellos de béisbol y esas cosas. Cuando voy a la casa de Sean para comer y llevo comida colombiana para compartir, su familia me mira con desconfianza. Cuando trato de hablar con ellos en inglés, hago errores y tengo vergüenza. A veces pienso que no debo tratar de hacer amistades con estudiantes estadounidenses como Sean, pero nos llevamos muy bien en el colegio. Sólo tenemos problemas fuera de la escuela. ¿Qué puedo hacer para sentirme menos nervioso con otras personas estadounidenses fuera de la escuela?

____

____

____

____

____

____

____

____

____

PRÁCTICA 2: Ahora escribe una carta a Alonso para sugerirle una solución. Usa la(s) mejor(es) idea(s) de tu escritura libre como punto de partida. Tu carta debe tener un tono informal y amigable, pero a la vez debe ofrecerle un buen consejo a Alonso.

____

____

____

____

____

____

____

____

____

____

© by Vista Higher Learning, Inc. All rights reserved.

3 **Estrategia: Lo esencial de escribir una narración** La idea de escribir una "narración formal" les da miedo a muchos estudiantes. Justamente, la idea de cumplir cualquier tipo de tarea "formal" puede tener el mismo efecto. Pero no te angusties (no te preocupes); ya tienes bastante experiencia con la narración **informal**, por ejemplo:

- cuando charlas con los amigos y les relatas tus aventuras
- cuando redactas (escribes) una entrada para un blog o para la red social
- cuando resumes lo que pasó en el último episodio de tu programa favorito

A menudo este tipo de narración informal queda incompleta: no siempre se precisan **quiénes** llevan a cabo **qué acciones** ni **cuándo** ni **en qué lugar**. Cuentas con un mínimo de detalles para relatar los acontecimientos más destacados y más importantes. En cambio, la narración escrita (es decir, formal) siempre debe constar de cuatro elementos literarios esenciales:

1. **personajes:** las personas que realizan las acciones y exhiben emociones
2. **acción:** lo que pasa – lo que hacen, dicen, sienten o esperan los personajes
3. **espacio:** los lugares donde ocurre la acción
4. **tiempo:** el lapso de tiempo que transcurre y también la época en que tiene lugar lo narrado

PRÁCTICA 1: El siguiente texto relata un día malo en la vida de Enrique, un estudiante de secundaria. No es una narración formal sino una lista de acontecimientos en la forma de un párrafo. Léelo dos veces para captar la idea central. Luego, vuelve a escribirlo, convirtiéndolo en una narración con información específica sobre los **personajes**, las **acciones**, el **espacio** y el **tiempo**.

> Me enojé con el despertador y lo rompí. Me levanté y me duché. Tenía frío porque no había agua caliente. Me vestí. Fui a la cocina. No quedaban ni huevos ni tostadas. Había cereales, pero no había leche. Tomé un vaso de jugo y me manché (*stained*) la camisa. La cambié. Busqué y recogí mis cosas y las puse en mi mochila. Mi papá y yo salimos de casa con atraso (*behind schedule*) y tuvimos que apurarnos. Por esto la policía nos puso una multa (*ticket*) por exceso de velocidad. Todos estábamos muy disgustados. Otra vez llegué tarde a la escuela y me gané un castigo (*I got detention*).

____
____
____
____
____
____
____
____
____
____
____
____
____

 © by Vista Higher Learning, Inc. All rights reserved.

PRÁCTICA 2: Escribe una breve narración de 200–250 palabras sobre algo que hiciste o algo que ocurrió la semana pasada. Antes de entregarla, consulta las **Listas de revisión** en las páginas 75–76 para ayudarte a buscar errores y hacer las correcciones necesarias.

PRÁCTICA 3: Escribe una breve narración de 200–250 palabras (una página, más o menos) que recuente una escena memorable de una película que te emocione mucho. Antes de entregarla, consulta las **Listas de revisión** en las páginas 75–76 para ayudarte a buscar errores y hacer las correcciones necesarias.

© by Vista Higher Learning, Inc. All rights reserved.

4 **Estrategia: Mostrar, no contar** En la última estrategia, trabajaste con la narración sobre Enrique y su mañana horrible (ver página 4). Para describir la versión original, se puede decir que ésta relató las acciones de manera explícita y que la narración misma era muy plana, unidimensional y sin sabor ni interés. Ojalá que tu versión del cuento haya sido más vívida, con detalles descriptivos e información más precisa. Así podremos decir que una narración debe **mostrar** lo que pasa en vez de **contar** los hechos y eventos.

Hoy en día, el sinfín (*endless number*) de medios digitales nos ahoga (*chokes*) con textos malos o mediocres que cuentan solamente lo básico, así que nos acostumbramos (*get used to*) a leer y a escribir textos iguales. Pero si prestamos más atención a los medios digitales *audiovisuales*, vemos claramente lo importante que es mostrar en vez de solamente contar. El truco (*trick*) es mostrar y describir la escena con tus palabras para que la "vean" o la imaginen tus lectores.

- **Poner la acción en contexto.** ¿Cuál es la situación que rodea a los personajes? Si escribes que **Elena estaba preocupada…** ¿y qué? No nos importa hasta que sepamos por qué estaba preocupada: ¿Estalló una guerra? ¿Desapareció su pareja? ¿Su hija salió por primera vez con un chico? ¿No pagó la renta?
- **Usar verbos y sustantivos dinámicos.** El sobreuso de verbos comunes como **ser, estar, tener** y **hay** disminuye tu mensaje. Sírvete de verbos que expresen una acción más interesantemente o más emocionantemente.
- **Describir y ejemplificar.** Además de usar palabras dinámicas, también es importante implementar adjetivos y adverbios que ayuden a precisar tu mensaje.

Volvamos al ejemplo de Elena, la mujer preocupada. Primero, pongámosle un contexto:

Elena estaba preocupada porque estalló otra guerra.

Bueno, ahora tenemos el por qué estaba preocupada. Pero necesitamos precisar aún más su preocupación y también reemplazar el verbo **estar** con otro más expresivo.

Elena se preocupaba por la gente afectada por la guerra.

Muy bien. Empezamos a ver y a comprender más claramente la escena. Como paso final, vamos a eliminar la referencia a su estado de ánimo y en su lugar describiremos acciones y detalles que muestren que esa mujer estaba preocupada.

Piénsalo: ¿Qué *hacen* las personas preocupadas?

Elena pensó en la vida y el futuro de los civiles inocentes que sufrirían por otra guerra sin sentido. Leyó y releyó las tres mismas páginas varias veces, pero no pudo concentrarse en el lirismo de la novela. Cerró el libro. *La taza de té en la mesita de al lado se había enfriado…*

¡Bravo! ¡Aplausos! Ahora tenemos una escena fácil de "ver", con detalles y acciones concretas que ilustran el estado emocional de la protagonista. Como resultado, los lectores pueden sacar sus propias conclusiones sobre los acontecimientos y cómo éstos afectan a Elena.

© by Vista Higher Learning, Inc. All rights reserved.

PRÁCTICA 1: Indica si cada oración **cuenta** o **muestra**.

1.	Francisca tomó dos aspirinas y se acostó.	CUENTA	MUESTRA
2.	Las muchachas tenían miedo.	CUENTA	MUESTRA
3.	Hernán buscaba en sus bolsillos y de repente se congeló (*froze*) en pánico.	CUENTA	MUESTRA
4.	Nos gusta muchísimo mirar la televisión.	CUENTA	MUESTRA
5.	Sonia corrió a su casa, cerró la puerta e inmediatamente empezó a llorar.	CUENTA	MUESTRA
6.	¡Es la quinta vez que tocas esta canción, por Dios!	CUENTA	MUESTRA
7.	Ricardo y Lucía ya no se aman.	CUENTA	MUESTRA
8.	Cada mañana me visto de prisa.	CUENTA	MUESTRA

PRÁCTICA 2: Las siguientes afirmaciones expresan su significado de manera explícita (**cuentan**). Escribe dos o tres oraciones que **muestren** lo que dice la original. Sigue el modelo.

modelo

Teníamos mucha hambre.

Mi hermano y yo devoramos dos hamburguesas grandes con papas fritas casi sin respirar. Luego pedimos torta de chocolate con helado y dos vasos enormes de leche.

1. Todos sabíamos que la maestra estaba muy enojada.

____

____

____

____

2. ¡Qué tacaña es la tía Rosario!

____

____

____

____

3. Aunque su boda tuvo lugar hace solamente cinco meses, Aurelio y Verónica se comportan (*behave*) como si llevaran muchos años de casados.

____

____

____

____

4. Estás triste.

____

____

____

____

© by Vista Higher Learning, Inc. All rights reserved.

5. La Sra. Jiménez aprovechó (*took advantage of*) las ofertas.

6. La situación en ese país se volvió (*became*) peor.

7. Los niños lo pasaron bien.

8. Después del almuerzo, Eduardo no se sentía bien.

9. Es una fiesta aburrida.

10. Paulina no tiene novio.

© by Vista Higher Learning, Inc. All rights reserved.

5 **Boceto de un personaje** Cuando escribes el boceto de un personaje (*character sketch*), intentas presentar a alguien a tus lectores. La meta es que los lectores tengan una imagen mental fuerte de la persona que describes, tanto de su aspecto físico como de su personalidad, sea una persona real o imaginaria. Pero hay que recordar que un boceto de personaje no es una biografía que recuente gran parte de su vida. A menudo, los bocetos destacan solamente un "momento" en la vida del personaje. Por lo tanto es importante elegir un momento típico que revele con exactitud su personalidad.

Vas a escribir un boceto de personaje de una página de longitud. Escoge a una persona real (alguien que conoces) o, si prefieres, puedes crear un personaje imaginario. **¡Atención!** No bases tu boceto en otro/a estudiante ni en ningún maestro.

ETAPA 1: Cuanto más sepas, mejor. Completa la siguiente información sobre tu personaje.

1. **¿Cuáles son algunos datos básicos sobre tu personaje?**

   Nombre y apellido(s): ______________________

   Edad: ______________________

   Género (*Gender*) / Identidad: ______________________

   Casado/a, soltero/a, novio(s)/a(s), viudo/a: ______________________

   Datos sobre su familia: ______________________

   ____

   Mascotas: ______________________

   Educación: ______________________

   Cosas favoritas (película, comida, día de la semana, etc.): ______________________

   ____

   Otros detalles importantes: ______________________

   ____

2. **¿Cómo es tu personaje físicamente?**

   Color de ojos/de pelo: ______________________

   Altura y peso: ______________________

   Tez (*Complexion*): ______________________

   Rasgos resaltantes (*Outstanding features*): ______________________

   ____

   Estilo personal (ropa/modo de vestir; peinado; etc.): ______________________

   ____

   Manera de comportarse: ______________________

   Otros detalles importantes: ______________________

   ____

3. **¿Cómo es su personalidad?**

   Tres adjetivos que describen su personalidad: ______________________

   Estado emocional en general: ______________________

   Acontecimientos significativos de su vida: ______________________

   ____

   ____

© by Vista Higher Learning, Inc. All rights reserved.

Amigos o enemigos: ______

Características negativas (una mezcla de lo bueno y de lo malo hace que tu personaje sea más interesante… y más creíble): ______

______

¿Guarda algún secreto? ______

______

4. **Imagínate: ¿Qué está haciendo y pensando tu personaje ahora mismo?** ¿Está tomando una taza de café y pensando en cómo puede engañar (*cheat*) a su mejor amiga? ¿O está trabajando de voluntaria en un refugio de animales y contemplando la adopción de un perrito de tres patas? A menudo, lo que piensa un personaje revela más información sobre su verdadera personalidad que lo que dice, lo que lleva puesto, etc.

______

______

______

______

______

ETAPA 2: Repasa tus ideas de la **Etapa 2** y anota las mejores y las más útiles aquí. Éstas van a ser los detalles que incorpores en tu boceto. Escribe oraciones completas.

1. **¿Cómo es tu personaje físicamente?** ______

______

______

______

2. **¿Cómo es su personalidad?** ______

______

______

______

3. **¿Qué está haciendo y pensando tu personaje ahora mismo?** ______

______

______

______

______

© by Vista Higher Learning, Inc. All rights reserved.

ETAPA 3: Refiriéndote a tus oraciones de la **Etapa 3**, escribe una o dos oraciones introductorias para tu boceto de personaje. Estas oraciones deben revelar algo importante sobre la persona. Por ejemplo:

> Marta se sentó a la sombra de un árbol, contenta y a la vez al borde de llorar. Había pasado toda la mañana paseando a los perros del refugio; incluso a Pepito, el perrito de tres patas que nadie quería adoptar...
>
> Carissa, vestida de negro como siempre, tomaba lentamente una taza de café mientras esperaba a su amiga Piedad. Entre sorbos (*sips*) una fría sonrisa ocupó sus labios pintados de rojo brillante...

ETAPA 4: Organiza tus ideas y las oraciones que ya escribiste en la forma de un primer borrador de tu boceto de personaje. Cuando termines tu borrador, busca las oraciones que **cuenten** lo que quieres decir en vez de **mostrarlo** y cámbialas. Luego, intercambia cuadernos con un(a) compañero/a de clase. Consulta las **Listas de revisión** en las páginas 75–76 para ayudarte a hacer comentarios constructivos sobre el borrador de tu compañero/a, y escríbelos en la columna para **Comentarios**. Después, discute los comentarios con él/ella.

	Comentarios
etc.	

© by Vista Higher Learning, Inc. All rights reserved.

ETAPA 5: Ya es hora de escribir la versión final de tu boceto de personaje. Puedes hacer los cambios o las correcciones sugeridos por tu compañero/a. Escribe tu boceto aquí abajo o entrégaselo a tu maestro/a electrónicamente.

 © by Vista Higher Learning, Inc. All rights reserved.

Lección 2

1 **Mostrar, no contar: Más práctica** Repasa la estrategia de la página 6 de este cuaderno antes de hacer los siguientes ejercicios.

PRÁCTICA: Las siguientes afirmaciones expresan su significado de manera explícita (**cuentan**). Escribe dos o tres oraciones que **muestren** lo que dice la original. Sigue el modelo.

modelo

La abuela se cansó rápidamente.

Después de cenar, mi abuelita y yo salimos a dar un paseo por la plaza. Caminamos por diez minutos, y ella tuvo que sentarse un rato. Cuando regresamos a casa, se durmió inmediatamente.

1. El televisor no funciona.

____

____

____

____

2. La feria fue muy divertida.

____

____

____

____

3. El árbitro se enfadó con la entrenadora.

____

____

____

____

4. Elena y Terencio salen a comer tan a menudo.

____

____

____

____

5. No pudimos asistir al partido del domingo pasado.

____

____

____

____

© by Vista Higher Learning, Inc. All rights reserved.

6. Ese tipo no le cae bien a nadie.

7. A esa actriz no le interesó el guion.

8. Esta película no es para niños.

9. Ese hombre es torero.

 © by Vista Higher Learning, Inc. All rights reserved.

Nombre ______________________ Fecha ______________________

2 **¡He aquí la prueba!** Cada oración relata un detalle acerca de la persona o el lugar mencionado. Escribe una oración que respalde esta afirmación y que muestre, no cuente. Trata de usar un verbo reflexivo, un verbo como **gustar** o un pronombre en tu respuesta.

modelo

A Milagros le importa dar una buena primera impresión.

Siempre se viste y se maquilla con mucho esmero (care).

1. Pienso que este cine cobra (*charges*) demasiado.

2. Un maestro calificado sabe motivar a sus estudiantes.

3. Mi primo Julio es flojo (*slacker*).

4. Mis compañeros de clase se quejan de todo.

5. En la secundaria Marissa se convirtió en ratón de biblioteca (*bookworm; lit., "a library rat"*).

6. Un estadio deportivo al aire libre no es nada cómodo.

7. Por lo general Elsa se aburre muy fácilmente.

© by Vista Higher Learning, Inc. All rights reserved.

8. Nadie quiere ir al teatro municipal.

9. Conversar con Héctor y Lupe me molesta.

10. Sé que no te diviertes cuando visitamos a los abuelos.

 © by Vista Higher Learning, Inc. All rights reserved.

3 **Repaso: Mapas de ideas** Crear y usar un mapa de ideas es muy fácil y puede ser muy útil para generar u organizar tus ideas sobre cualquier tema. Necesitas solamente una hoja de papel, un lápiz y tu mente. Empieza con una palabra o una frase clave – escríbela y dibuja un círculo alrededor de ella. El punto principal que necesitas recordar es empezar por el centro de la hoja. De esa manera podrás dibujar tu diagrama sin que se te acabe el espacio. Luego, anota en más círculos tus ideas relacionadas con la palabra clave y únelos al círculo central con una línea. Repite este paso para proveer más detalles. Así desarrollas un mapa de ideas.

MAPA DE IDEAS

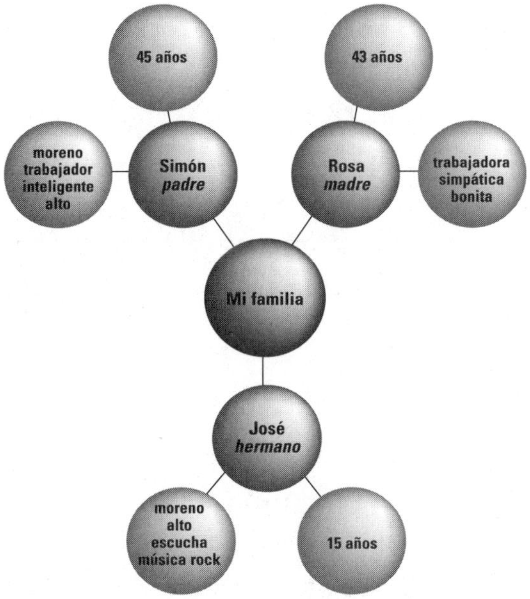

Además de usar los mapas de ideas para ayudarte a generar ideas, otra aplicación práctica es representar de manera visual un problema sin resolver y las posibles soluciones.

ETAPA 1: Completa el mapa de ideas para ayudarte a solucionar el siguiente problema. Debes explorar por lo menos tres soluciones factibles (*feasible*).

Problema: Tú y tu familia / tus amigos tienen la tarde libre. Todos quieren hacer algo diferente: una visita a un museo, un concierto gratuito en el parque, una nueva película IMAX súper emocionante, etc. Necesitas examinar los pros y los contras de cada sugerencia.

¿cómo pasar la tarde libre?

© by Vista Higher Learning, Inc. All rights reserved.

ETAPA 2: Usando las ideas y la información de tu mapa de ideas, escribe un análisis breve que vuelva a declarar el problema y que ofrezca tres posibles soluciones. El propósito de tu análisis NO es escoger una solución sino presentar imparcialmente la información.

 © by Vista Higher Learning, Inc. All rights reserved.

4 **Estrategia: Metáforas y símiles** La **metáfora** es la utilización de una cosa o una expresión para describir de manera indirecta a otra cosa o expresión. El propósito de la metáfora es sugerir una comparación con otra cosa o facilitar la comprensión de un concepto. Por ejemplo, la oración **Armando tiene un corazón de piedra** emplea una metáfora que hace resaltar (*highlights*) algo sobre la personalidad de Armando. No quiere decir en sentido literal que su corazón es de piedra, sino que es un hombre duro y frío, como la piedra misma.

En cambio, el **símil** expresa una comparación de manera directa y explícita. Usa palabras de relación para realizar la comparación, siendo la más común **como** (pero también **cual, igual que, semejante / asemejarse a**, y otras expresiones y verbos con este significado). A diferencia de las formas comparativas que has aprendido (**más/menos que, tan como**), el símil no precisa la igualdad ni la desigualdad. Por ejemplo:

formas comparativas: Los ojos de Susana son **tan** oscuros **como** la noche. [*igualdad*]
Los ojos de Susana son **más** oscuros **que** la noche. [*desigualdad*]

símil: Los ojos de Susana son oscuros **como** la noche. [*no se precisa; no importa si los ojos o la noche sea más, menos o tan oscura*]
Pero los ojos de su hermana Lucía **se asemejan** a dos caleidoscopios.

Piénsalo: Puedes extender una metáfora para incluir varias cláusulas u oraciones. El siguiente ejemplo es de la comedia *Como gustéis* (As You Like It) de William Shakespeare. ¿Cuáles son las dos cosas que Shakespeare compara? ¿Qué quiere decir esta metáfora?

> El mundo es un escenario,
> y todos los hombres y mujeres son meros actores,
> tienen sus salidas y sus entradas;
> y un hombre puede representar muchos papeles.

PRÁCTICA: Lee cada oración y, en tus propias palabras, explica (**a**) si es ejemplo de una metáfora o de un símil, (**b**) lo que quiere decir en términos más sencillos y (**c**) cómo tú interpretas el significado. Sigue el modelo.

modelo

El tiempo es oro.
a. metáfora
b. El tiempo es muy valioso.
c. El oro es un objeto de mucho valor y el tiempo también es muy valioso. Nadie nunca tiene demasiado oro ni demasiado tiempo.

1. En la primavera de su vida, doña Marta poseía una rara belleza.

a. ______________________________

b. ______________________________

c. ______________________________

____

© by Vista Higher Learning, Inc. All rights reserved.

2. Cyrano deseaba besar a Roxane, sus labios de miel lo enloquecieron (*drove him mad*).
   a. ______________________________
   b. ______________________________
   c. ______________________________
   ____

3. La niña lloró un río de lágrimas.
   a. ______________________________
   b. ______________________________
   c. ______________________________
   ____

4. Pasar el verano en Phoenix es como sentarse en la estufa.
   a. ______________________________
   b. ______________________________
   c. ______________________________
   ____

5. Todos miraron boquiabiertos (*stunned*) a René en su traje de baño, su piel blanca igual que la nieve.
   a. ______________________________
   b. ______________________________
   c. ______________________________
   ____

6. El presentador sonrió, sus dientes brillando como diamantes.
   a. ______________________________
   b. ______________________________
   c. ______________________________
   ____

7. Sus emociones eran un volcán.
   a. ______________________________
   b. ______________________________
   c. ______________________________
   ____

8. Las viejas se quedaron sentadas, frágiles como una rosa en el invierno.
   a. ______________________________
   b. ______________________________
   c. ______________________________
   ____

© by Vista Higher Learning, Inc. All rights reserved.

9. Según mi hermano, <u>el matrimonio es una cárcel</u> (*jail*).

a. ______

b. ______

c. ______

______

10. <u>Adán es un roble</u> (*oak tree*) y todas las chicas lo encuentran muy atractivo.

a. ______

b. ______

c. ______

______

5

Estrategia: Lo esencial de describir un lugar Si alguien te pide que describas un lugar, lo más probable es que detalles solamente lo visual como si describieras una fotografía. Pero para comunicar efectivamente una descripción dinámica, es importante que no te fijes solamente en lo que ves. En cambio, hay que involucrar (*involve*) a los otros sentidos también. Además, para dar significado a la escena, debes expresar los sentimientos, las actitudes y las acciones de la gente que ocupa este espacio, sea una vivienda particular, un sitio de actividades recreativas o un paisaje remoto.

Preguntas para desarrollar los detalles

- **¿Qué ves?** ¿Qué atrae la atención? ¿Los colores brillantes, las luces, los muebles, la gente, la naturaleza?

  un florero (*vase*) turquesa como el Mediterráneo

  unos platos de cristal resplandecientes (*sparkling*)

- **¿Qué oyes?** ¿Música, silencio, conversaciones distintas, efectos especiales, el ladrido de un perro?

  Los gritos de la tía Yolanda nos piden que no pongamos los pies en el sofá y que usemos un posavasos (*coaster*) y que tío Pedro se cambie la camisa ahora mismo porque los invitados llegan a las tres.

- **¿Qué hueles?** ¿Perfume, flores, aire viciado (*musty*), palomitas (*popcorn*), una comida especial, las hojas secas del otoño?

  la fragancia primaveral de rosas y lilas

  el olor del pan tostado y quemado (*burnt*)

- **¿Qué sientes?** ¿Algo blando (*soft*), frío, suave, duro, áspero (*rough*)?

  la manta de lana que me pica (*itches*)

  el viento frígido que rodeaba la plaza en diciembre

- **¿Cuáles son los objetos más evidentes o más importantes?** ¿Tienen algún valor sentimental? ¿Son muy prominentes? ¿O simplemente se destacan (*stand out*) porque son feísimos (*hideously ugly*)?

  una chimenea enorme de piedras talladas (*cut*) a mano

  esta foto vieja, la única que salvaron del fuego

  las cortinas, desteñidas y polvorientas (*faded and dusty*), que colgaron en todas las ventanas del salón

© by Vista Higher Learning, Inc. All rights reserved.

PRÁCTICA: Vas a empezar con una descripción solamente visual. Piensa en un lugar que conoces bien y describe lo que ves. Escribe un párrafo breve de más o menos 100 palabras.

El lugar: _______________

© by Vista Higher Learning, Inc. All rights reserved.

6

Una descripción más amplia Ahora vas a escribir una descripción más amplia que incluya lo que ves, lo que oyes, lo que hueles y lo que sientes. Refiérete a la lista de **Preguntas para desarrollar los detalles** (ver página 21) según sea necesario.

ETAPA 1: Piensa en los siguientes lugares. Haz una lista de lo que ves, oyes, hueles y sientes. Puedes sacar los detalles de una memoria real, de una observación o de tu imaginación.

1. Empieza con el lugar que describiste en la práctica de **Lo esencial de describir un lugar** (ver página 21) y agrega aquí más detalles sensoriales (de los sentidos).

2. Describe tu casa o la casa de un/a pariente en el Día de Acción de Gracias.

3. Describe un sitio de actividades recreativas que te encante (parque de atracciones, cine, estadio deportivo, sala de videojuegos [*arcade*], etc.).

© by Vista Higher Learning, Inc. All rights reserved.

4. Describe tu restaurante favorito durante un día caótico.

ETAPA 2: Escribe una oración que describa el significado personal del lugar o cómo te sientes cuando estés allá.

1. el lugar que describiste en la actividad **Lo esencial de describir un lugar**

2. tu casa o la casa de un/a pariente en el Día de Acción de Gracias

3. un sitio de actividades recreativas que te encante

4. tu restaurante favorito durante un día caótico

© by Vista Higher Learning, Inc. All rights reserved.

ETAPA 3: Ahora, escoge uno de los temas de las **Etapas 1** y **2,** y organiza tus ideas en un párrafo de 150–200 palabras. Escribe el primer borrador aquí. Cuando termines tu borrador, intercambia cuadernos con un(a) compañero/a de clase. Consulta las **Listas de revisión** en las páginas 75–76 para ayudarte a hacer comentarios constructivos sobre el borrador de tu compañero/a, y escríbelos en la columna para **Comentarios**. Después, discute los comentarios con él/ella.

Comentarios

etc.

ETAPA 4: Ya es hora de escribir la versión final de tu descripción. Puedes hacer los cambios o las correcciones sugeridos por tu compañero/a.

© by Vista Higher Learning, Inc. All rights reserved.

Nombre ______________________ Fecha ______________________

7

Estrategia: Escribir con tiempo limitado Una estrategia de escritura para crear rápidamente un borrador es limitar el tiempo que tienes para escribirlo. Tener un plazo fijo (*fixed time limit*) te obliga a priorizar tus ideas sin demorarte demasiado en expresarlas "perfectamente".

Cuando haces un borrador dentro de un plazo fijo, es ventajoso (*advantageous*) desarrollar tus ideas en orden de importancia. Para esto, se puede implementar una pirámide invertida para organizar las ideas de mayor a menor importancia (ver diagrama). Empieza con la parte más importante de tu texto, dedica una cierta cantidad de tiempo para redactarla (*draft it*) y escríbela primero. Luego, escribe la segunda parte más importante y así sucesivamente hasta terminar. Entonces puedes poner en orden los trozos de texto. Esta técnica es semejante a la de la escritura libre porque la etapa de escritura no incluye tiempo para editar o corregir errores. Esto lo vas a hacer más tarde.

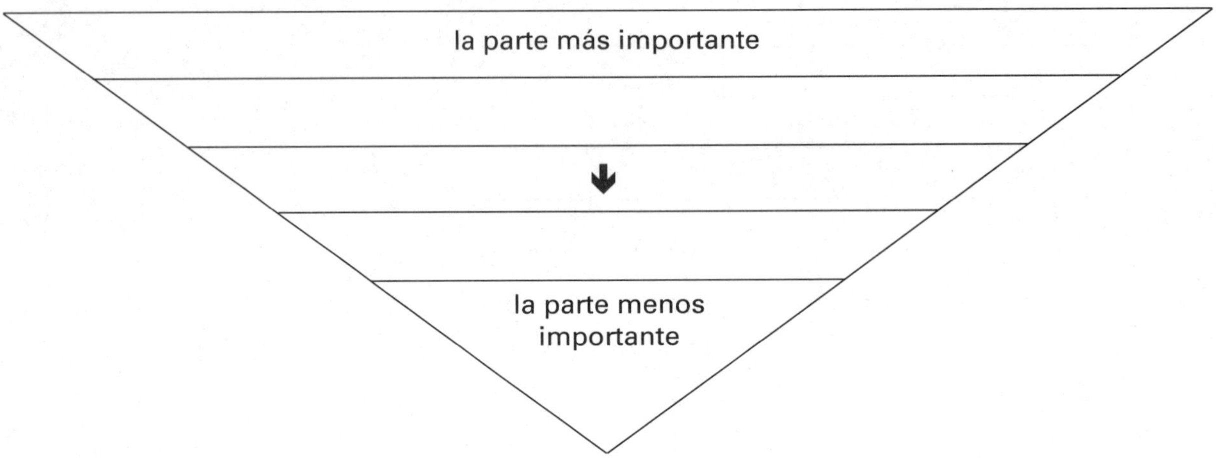

Esta manera de crear textos informalmente es beneficiosa cuando contestas una pregunta de un examen o para escribir rápidamente un correo electrónico, una habilidad de gran valor en el mundo profesional.

PRÁCTICA 1: Vas a escribir un correo electrónico informal a un grupo de amigos. Tus abuelos vienen de visita por una semana y llevas varios días planeando una fiesta donde se los presentarás a tus amigos. Ahora quieres escribirles a tus amigos para recordarles los planes para la fiesta y decirles lo que deben y no deben hacer para causar una buena impresión. Tu mensaje va a tener cinco partes:

- un saludo informal, como **Hola, ¿Qué tal?, ¿Qué onda?**, etc.
- una breve introducción para recordarles a tus amigos qué cosas les gustan a tus abuelos y qué cosas les molestan. Puedes usar estas expresiones: **(no) les gusta(n), les fascina(n), les encanta(n), les aburre(n), (no) les interesa(n), (no) les molesta(n).**
- un párrafo en el que explicas que tus abuelos son formales y elegantes, y les dices a tus amigos que tienen que arreglarse para la ocasión. Usa expresiones como **quitarse el arete, afeitarse, vestirse mejor, peinarse**, etc.
- una oración en la que les recuerdas a tus amigos dónde y a qué hora van a encontrarse para la fiesta
- una despedida informal

 © by Vista Higher Learning, Inc. All rights reserved.

Nombre ____________________ Fecha ____________________

PRÁCTICA 2: Tienes solamente **30 minutos** para componer este correo electrónico. Usa el diagrama de la pirámide invertida para organizar lo que tienes que escribir y para decidir cuáles de las secciones del mensaje son más importantes. Escribe las cinco partes en la pirámide, anotando cuánto tiempo crees que necesitas para escribir cada una. Mientras completas el diagrama, también puedes añadir algunos de los detalles que piensas incluir en tu correo electrónico.

Más detalles para el correo electrónico: ____________________

PRÁCTICA 3: Mira la pirámide invertida que hiciste para ver cuánto tiempo tienes para escribir cada parte del mensaje, según lo que anotaste. Debes escribir las partes según el orden de los niveles (*levels*) de la pirámide, no según el orden del mensaje final. Al escribir cada sección, no demores escribiendo más tiempo del indicado en la pirámide. Redacta las partes de tu correo electrónico en tu computadora portátil, tu tablet o cualquier aparato que prefieras de modo que puedas guardar el documento.

© by Vista Higher Learning, Inc. All rights reserved.

PRÁCTICA 4: Cuando termines la **Práctica 3**, organiza las partes de tu mensaje electrónico. Antes de entregarlo, léelo y corrige los errores que encuentres. ¿Qué detalles añadirías (*would you add*)? ¿Cuáles quitarías (*would you delete*)? Verifica el orden de las partes y a la cohesión del mensaje en general. ¿Hiciste lo siguiente?

- ¿Incluiste las cinco partes del mensaje?
- ¿Escribiste toda la información necesaria para cada parte?
- ¿Usaste algunas de las palabras y expresiones indicadas en la **Práctica 1**?
- ¿Usaste bien los verbos como **gustar** y los verbos reflexivos?

Si quieres hacer cambios, hazlos ahora y guarda la versión corregida en un documento nuevo (por ejemplo, **email_fiesta_2**). Luego, entrégale tu correo a tu maestro/a.

 © by Vista Higher Learning, Inc. All rights reserved.

Nombre _______________ Fecha _______________

Lección 3

1

Antes y después En cada grupo, lee la oración B. Luego, escribe una oración que pueda (*could*) preceder la oración B y también otra que pueda seguirla. Sigue el modelo.

modelo

A. *Creo que Nicolás necesita recargar su teléfono.*
B. Anoche cuando tuve una llanta ponchada, lo llamé varias veces.
C. *Le dejé tres mensajes en su correo de voz mientras caminaba a mi casa.*

1. **A.** _______________
   B. María casi nunca apaga las luces cuando sale.
   C. _______________
2. **A.** _______________
   B. A menudo caliento algo para comer en el microondas.
   C. _______________
3. **A.** _______________
   B. Por eso le pedimos un reembolso.
   C. _______________
4. **A.** _______________
   B. No me quedó ni un centavo en efectivo.
   C. _______________
5. **A.** _______________
   B. Sabiendo que su novio miente a veces, Diana quería averiguar su historia.
   C. _______________
6. **A.** _______________
   B. Entonces algo imprevisto nos interrumpió.
   C. _______________
7. **A.** _______________
   B. Pasó toda la tarde en el centro comercial pero nunca encontró un regalo que le gustara.
   C. _______________
8. **A.** _______________
   B. — ¡Mira, chica, dejaste los zapatos en el probador! me dijo mi amiga.
   C. _______________
9. **A.** _______________
   B. En aquel entonces no tenían ni televisor ni radio.
   C. _______________
10. **A.** _______________
    B. Es obvio que los quehaceres me aburren como nada.
    C. _______________

© by Vista Higher Learning, Inc. All rights reserved.

2 **Eso no es lo que he oído** Las siguientes oraciones expresan una versión de lo que pasó, pero tú has oído algo diferente en cada caso. Escribe una oración contraria a lo que expresa cada aseveración para relatar tu versión de la verdad. Sigue el modelo.

modelo

Sabes, cierran el centro comercial a las seis todos los días. ¡Démonos prisa!

No es cierto. Lo cierran a las seis los domingos solamente.

1. Antes de tu fiesta, Tito se cortó el pelo.

2. Dos mil pesos por estos aretes es una verdadera ganga.

3. Guillermo siempre habla con un timbre muy agresivo.

4. Rebeca perdió todo su dinero en la bolsa (*stock market*) y ahora está viviendo en el sótano de la casa de sus padres.

5. Lucas usó un traje de Armani para su entrevista e inmediatamente después lo devolvió a la tienda.

6. La Sra. Saavedra practica lo que llamamos "los tres no quitas": no quita los platos sucios, no quita el polvo y no se quita los zapatos cuando se acuesta.

7. Ayer en el teatro durante la función Amanda empezó a cantar las canciones en voz muy alta (*very loudly*).

8. Cuando eras niño/a, tú y tus padres vivían en una casita de árbol, ¿verdad?

9. Humberto y Diego tuvieron un accidente. Su carro colisionó con la estatua del payaso (*clown*) frente al Café Circo.

 © by Vista Higher Learning, Inc. All rights reserved.

10. Emilia solamente prepara comidas instantáneas con agua hirviendo.

11. Pobre Alberto se cayó en la escalera y se rompió todos los huesos del cuerpo.

12. Juana Álvarez tiene cinco chimeneas en su casa aunque le tiene mucho miedo al fuego (*fire*).

13. El diseñador español dijo que su nueva colección de muebles está hecha totalmente de papel reciclado.

14. El maestro de biología estaba tan fatigado que se durmió en la clase.

15. Bárbara compró un retrato auténtico de Picasso por veinte dólares en una subasta (*auction*) en línea.

© by Vista Higher Learning, Inc. All rights reserved.

3 **Repaso: Los diagramas de Venn** En la escritura los diagramas de Venn suelen usarse para hacer una representación gráfica de las características de dos cosas. El diagrama consiste en dos círculos que intersectan, creando tres zonas distintas. En la zona 1 anotas las características particulares de la primera cosa o idea. En la zona 3 anotas las características de la otra cosa o idea. En la zona 2, la intersección de los dos círculos, anotas cualquier característica que pertenezca (*pertains*) a ambas cosas o ideas.

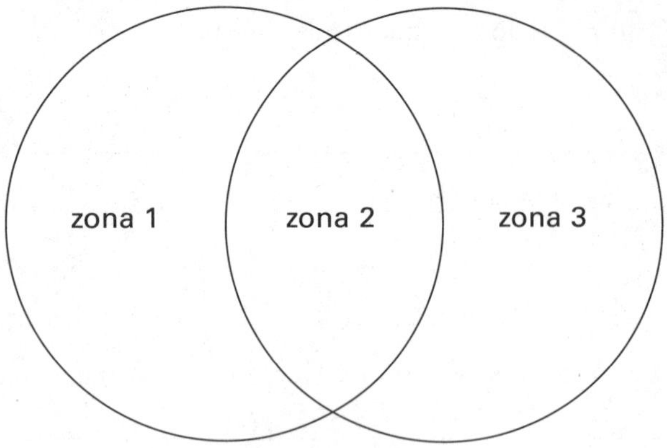

el diagram de Venn

Así puedes ver fácil y claramente lo que tienen en común y cómo se diferencian las cosas que comparas.

De ahí puedes organizar la información para escribir un análisis comparativo y contrastivo de las dos cosas o los dos conceptos.

ETAPA 1: Vas a escribir un análisis comparando y contrastando la escuela primaria con la secundaria. Para empezar, rellena el siguiente diagrama de Venn con toda la información que puedas.

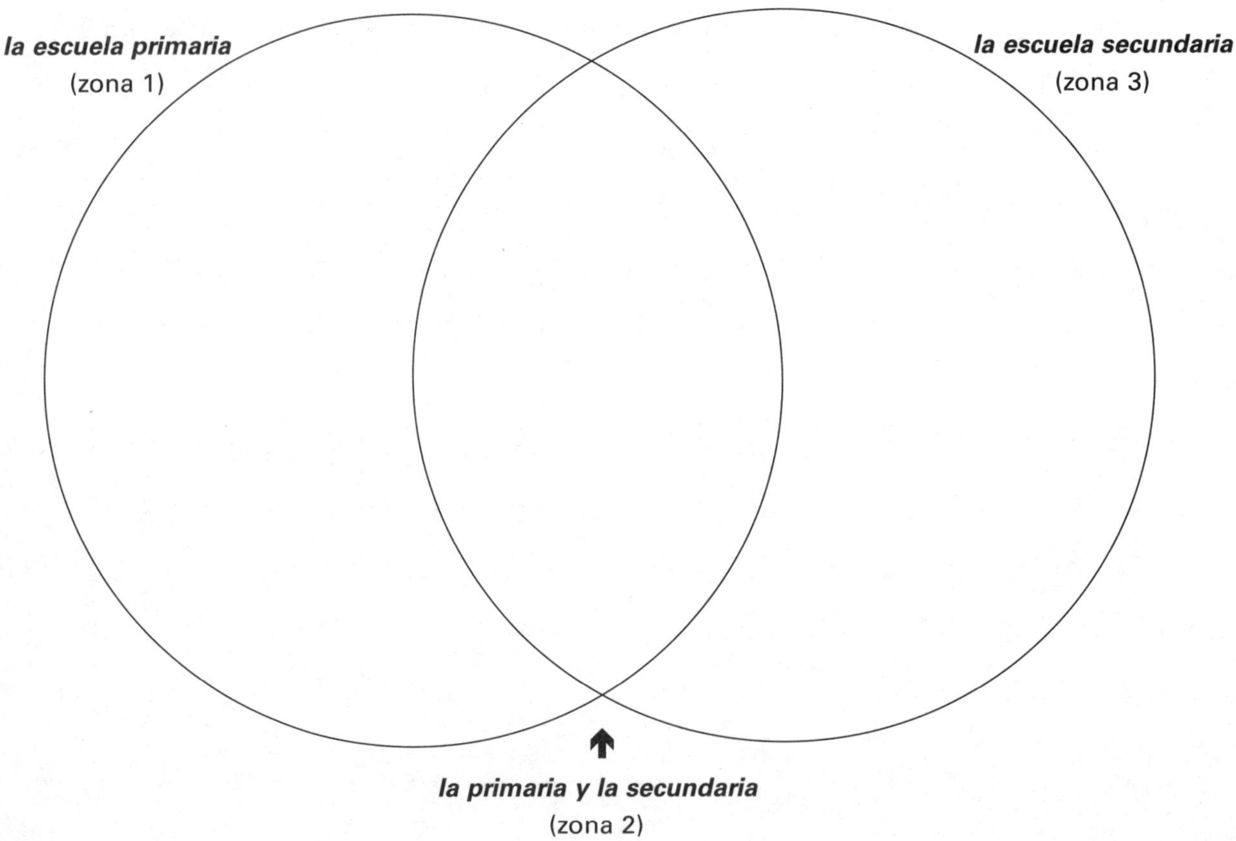

 © by Vista Higher Learning, Inc. All rights reserved.

ETAPA 2: Decide cuáles son las tres similitudes (*similarities*) y las tres diferencias más destacadas (*prominent*). Anótalas abajo.

Para comparar (la zona 2)

1. ______________________
____

2. ______________________
____

3. ______________________
____

Para contrastar (las zonas 1 y 3)

1. ______________________
____

2. ______________________
____

3. ______________________
____

ETAPA 3: Redacta el primer borrador de tu análisis siguiendo este esquema.

- **Primer párrafo:** Empieza con una oración introductoria que explique el tema de tu composición. Luego, escribe sobre tres similitudes entre la primaria y la secundaria.
- **Segundo párrafo:** Escribe sobre tres diferencias entre la primaria y la secundaria. Tus oraciones pueden seguir estos patrones (*patterns*):
  En la primaria nosotros hacíamos *X* mientras en la secundaria hacemos *Y*.
  Además, podíamos hacer *Z* pero ahora no. Ahora tenemos que...
  Lo importante es que presentes las diferencias de manera lógica para que los lectores comprendan lo que quieres decir.
- **Tercer párrafo:** En la conclusión, expresa tu preferencia. ¿Te gustaba más la escuela primaria o prefieres la secundaria? Acuérdate de explicar por qué.

Redacta las partes de tu análisis en tu computadora portátil, tu tablet o cualquier aparato que prefieras de modo que puedas guardar el documento.

ETAPA 4: Cuando termines la **Etapa 3**, lee con cuidado tu texto y corrige los errores que encuentres. ¿Qué detalles agregarías? ¿Cuáles quitarías? Verifica la cohesión de tu análisis. Guarda la versión corregida en un documento nuevo (por ejemplo, **analisis_version2**). Luego, entrégale tu composición a tu maestro/a.

© by Vista Higher Learning, Inc. All rights reserved.

Nombre ______________________ Fecha ______________________

4

Estrategia: Combatir el bloqueo del escritor El bloqueo del escritor (*writer's block*) es una condición que resulta en la falta de la capacidad para generar nuevas ideas o expresar por escrito las ideas que tienes. Has aprendido varias técnicas para ayudarte a generar nuevas ideas y explorar un tema: los mapas de ideas, la escritura libre y los diagramas de Venn, por ejemplo.

Una técnica para disipar (*dispel*) los problemas – y la desconfianza – de expresarte por escrito es la de fingir (*pretend*) que estás escribiendo una carta o un correo electrónico a un(a) amigo/a. Para mucha gente es más fácil redactar un texto informal como una carta en vez de escribir una tarea o un ensayo formal. Antes de sentarte frente a tu portátil o tu tablet y ponerte muy angustiado/a (*anxious*) por la idea de crear una obra maestra, escribe tus ideas en la forma de una carta informal a un(a) amigo/a. Por ejemplo, para redactar párrafos narrativos, puedes empezar así:

> Roberto –
>
> Oye mano[1], ¿qué onda? No vas a creer lo que me pasó ayer. Llegué a la clase de química justamente a tiempo <¡suerte!> pero se me olvidó el cuaderno CON TODOS MIS APUNTES para el examen. <estúpido ¿no?> En el locker creo. Bueno, entonces el maestro, el señor Gruñones[2] <se llama Quiñones pero...> ...

Escribe lo que le dirías a tu amigo/a en persona como si le estuviera contando la historia verbalmente. En este momento, lo importante es capturar tus ideas en forma escrita. No te preocupes por la ortografía, la gramática, ni el estilo. Lo puedes corregir todo más tarde.

Cuando conviertas el texto informal en una narración más formal, ten en cuenta los siguientes puntos:

- Reemplaza el lenguaje conversacional e informal con un lenguaje más formal. Por ejemplo, en el mensaje a Roberto, sería (*it would be*) mejor empezar con **Ayer, como de costumbre, llegué a la clase de química justamente a tiempo.**
- A menudo los correos electrónicos se formatean como un solo párrafo. Para un escrito más formal, no olvides dividir el cuerpo de su narración en párrafos claros para que cada uno trate solamente una parte de la historia.
- La escritura informal frecuentemente incluye fragmentos de oraciones, como **En el locker creo.** Asegúrate (*Make sure*) de que todas las oraciones estén completas: **Creo que lo dejé en mi locker otra vez.**
- Y claro, quita los comentarios entre comillas, <¿ok?>.

PRÁCTICA 1: Vas a contar una anécdota que te haya ocurrido en el pasado. Debes pensar en una historia divertida, dramática o interesante relacionada con uno de estos temas:

- un regalo especial u horrible que recibiste
- una situación en la que usaste una excusa falsa y las cosas no te salieron bien
- una situación en la que fuiste muy ingenuo/a (*naïve*)

[1] **mano** es una forma abreviada de la palabra **hermano** y es semejante al término *bro* en inglés.

[2] Su apellido verdadero es Quiñones, pero algunos estudiantes lo llaman Gruñones, del verbo **gruñir** (*to groan, to complain*). ¿Qué revela este juego de palabras sobre la personalidad del maestro?

© by Vista Higher Learning, Inc. All rights reserved.

Anota aquí una o dos ideas para el tema de tu anécdota.

modelo

1. el suéter de Navidad que me regaló mi abuela... ¡FEO!
2. falté a clases, dije que tuve que asistir a los funerales de un pariente pero fui al parque de atracciones

______

______

______

______

PRÁCTICA 2: Tu anécdota debe tener estas tres partes:

1. un título breve que sugiera el contenido de la historia pero que no dé demasiada información
2. un cuerpo o parte central con distintos párrafos que narren el contenido de la anécdota
3. una conclusión que termine la historia y explique cuál fue el resultado del acontecimiento y cómo te sentiste

Antes de escribir tu anécdota, organiza los eventos de la historia usando el siguiente diagrama que indica su secuencia. Las tres partes del diagrama corresponden a las tres partes de la anécdota.

1. Título: ______

↓

2. Cuerpo / Parte central:

↓

3. Conclusión:

© by Vista Higher Learning, Inc. All rights reserved.

PRÁCTICA 3: Escribe el primer borrador de tu anécdota, incluyendo las tres partes indicadas anteriormente. Mientras escribes, imagina que estás contándole la historia a un(a) amigo/a. No te preocupes por el estilo; en esta actividad concéntrate solamente en el contenido. Una vez hayas terminado tu borrador, verifica el uso correcto del pretérito y del imperfecto.

¡Recuerda!

- Usa el **imperfecto** para describir en el pasado: qué estaba pasando cuando ocurrió el acontecimiento: dónde estabas, con quién estabas, etc.
- Usa el **pretérito** para contar las acciones: qué pasó, cómo pasó, a quién le pasó, etc. Incluye expresiones como: **al principio, al final, después, entonces, luego, todo empezó cuando**, etc.

Redacta las partes de tu anécdota en tu computadora portátil, tu tablet o cualquier aparato que prefieras de modo que puedas guardar el documento.

PRÁCTICA 4: Cuando termines la **Práctica 3**, convierte el texto informal a un escrito formal y listo para entregar. Léelo y corrige los errores que encuentres. ¿Qué detalles añadirías? ¿Cuáles quitarías? Verifica la cohesión de la historia. ¿Hiciste lo siguiente?

- ¿Reemplazaste las palabras y expresiones informales con expresiones más formales?
- ¿Verificaste que el cuerpo esté dividido en cuantos párrafos sean necesarios?
- ¿Te aseguraste de que todas las oraciones sean oraciones completas y no fragmentos?

Si quieres hacer cambios, hazlos ahora y guarda la versión corregida en un documento nuevo (por ejemplo, **anecdota_version2**). Luego, entrégale tu anécdota a tu maestro/a.

 © by Vista Higher Learning, Inc. All rights reserved.

5 **Lo esencial de escribir una narración personal** Ahora vamos a practicar las estrategias presentadas en las **Lecciones 1–3** de este cuaderno para escribir una narración personal.

ETAPA 1: Escoge uno de los siguientes temas u otro que te interese. Debe ser un tema que puedas desarrollar en una narración de 300–400 palabras (1.5–2 páginas).

- ¿Cuáles son las tres posesiones que mejor revelan tu personalidad?
- ¿Cuál era tu lugar favorito cuando eras niño/a? ¿Por qué?
- ¿Cuál consideras tu mayor logro (*achievement*) hasta este momento en tu vida?
- ¿Cómo dcfincs la palabra **comunidad**?
- ¿Qué te motiva a trabajar duro?
- ¿Qué aspectos de las redes sociales como Twitter y Snapchat te disgustan o te molestan?

Tu tema: ______

ETAPA 2: En una hoja aparte, emplea la técnica de la escritura libre para generar ideas sobre tu tema. Escribe por cinco minutos. Después, si necesitas más ideas, repite esta etapa.

ETAPA 3 (Opcional): Usa el siguiente diagrama para ayudarte a organizar tus ideas antes de redactar el primer borrador. Incluye una o dos ideas preliminares para el título de tu narración.

Título(s): ______

↓

Cuerpo / Parte central:

↓

Conclusión:

© by Vista Higher Learning, Inc. All rights reserved.

ETAPA 4: Basándote en las ideas que generaste en la **Etapa 2** y el diagrama de la **Etapa 3** si lo usaste, escribe el primer borrador de tu narración. Cuando lo termines, busca oraciones que deban o puedan **mostrar** lo que quieres decir en vez de **contarlo** y cámbialas. Luego, intercambia cuadernos con un(a) compañero/a de clase. Consulta las **Listas de revisión** en las páginas 75–76 para ayudarte a hacer comentarios constructivos sobre el borrador de tu compañero/a, y escríbelos directamente en la columna para **Comentarios**. Después, discute los comentarios con él/ella.

	Comentarios
etc.	

ETAPA 5: Ya es hora de escribir la versión final de tu narración personal. Puedes hacer los cambios o las correcciones sugeridas por tu compañero/a. Escoge un título que atraiga el interés de tus lectores potenciales. Escribe la versión final de tu narración en tu computadora portátil, tu tablet o cualquier aparato que prefieras de modo que puedas guardar el documento. Luego, entrégale tu narración a tu maestro/a.

 © by Vista Higher Learning, Inc. All rights reserved.

Lección 4

1 **¡No es verdad!** Las siguientes oraciones son falsas. Vuelve a escribirlas haciendo las correcciones necesarias para que sean verdaderas.

1. Si estás a dieta, consume más tocino y más mantequilla para adelgazar.
2. Hay más francófonos (*que hablan francés*) que hispanohablantes en Norteamérica.
3. Los que sufren de una depresión profunda (*deep*) suelen exhibir un estado de ánimo optimista.
4. La Ciclovía de Bogotá es la fábrica más grande de Sudamérica que produce vehículos de dos ruedas (*wheels*).
5. No necesitas una receta médica para conseguir la mayoría de los medicamentos en una farmacia estadounidense.
6. Dormir cuatro horas por noche es suficiente para los niños y los adolescentes.
7. Colombia, Canadá, Francia y Estados Unidos celebran su independencia en el mes de junio.
8. De postre a menudo los españoles sirven una paella de coco y chocolate muy dulce y muy rica.
9. La picadura de un mosquito nunca resulta siendo una enfermedad grave. ¡Solamente te pica (*itches*)!
10. No es necesario que planees un ensayo antes de empezar a escribirlo. Simplemente es cuestión de empezar a redactarlo.
11. El agua mineral contiene tantas calorías por onza como las sodas y las bebidas para deportistas.
12. A veces es imposible cruzar la frontera entre Colombia y Bolivia por las lluvias y el terreno montañoso.

© by Vista Higher Learning, Inc. All rights reserved.

2 **Antes y después** En cada grupo, lee la oración B. Luego, escribe una oración que podría (*could*) preceder la oración B y también otra que podría seguirla. Sigue el modelo.

modelo

A. *Coco Chávez diseñó un vestido elegante para una actriz famosa.*
B. La actriz engordó mucho y no pudo usar el vestido.
C. *Por eso Coco se puso el vestido y salió a comer con su novio.*

1. **A.** ____________________
   B. Chang me dijo que su tío el herbolario (*herbalist*) me preparó el té.
   C. ____________________
2. **A.** ____________________
   B. La verdad es que él no me cae nada bien.
   C. ____________________
3. **A.** ____________________
   B. Pronto, ella avistó (*spotted*) en la vitrina una bolsa muy fina que costaba $4.000.
   C. ____________________
4. **A.** ____________________
   B. — ¡Les ordeno que usen una corbata! dijo el gerente a los muchachos.
   C. ____________________
5. **A.** ____________________
   B. La maestra siente que todavía no haya corregido los exámenes.
   C. ____________________
6. **A.** ____________________
   B. Emilio lo/la encontró mientras paseaba al perro en el parque.
   C. ____________________
7. **A.** ____________________
   B. — Pues, es importante que nos apuremos (*hurry up*), dije.
   C. ____________________
8. **A.** ____________________
   B. Por casualidad, ella y su ex novio se tropezaron (*ran into each other*) en la sala de emergencias.
   C. ____________________
9. **A.** ____________________
   B. Desgraciadamente, el Sr. Muñoz no estaba para bromas.
   C. ____________________
10. **A.** ____________________
    B. — Busque otra farmacia, me avisó, por si acaso la de la esquina esté cerrada los domingos.
    C. ____________________

© by Vista Higher Learning, Inc. All rights reserved.

3 **Los párrafos sin terminar** Las siguientes oraciones forman el inicio de un párrafo. Léelas con cuidado y luego escribe por lo menos cuatro oraciones más, inclusive una oración concluyente, para crear un párrafo coherente y completo. Si necesitas generar u organizar tus ideas antes de ponerte a escribir, hazlo usando una de las técnicas presentadas anteriormente.

> **¡Recuerda!** La oración principal, que proveemos en esta actividad, establece y declara el tema del párrafo. La oración concluyente que vas a escribir debe hacer por lo menos una de las siguientes cosas…
> - volver a expresar en diferentes palabras la idea central de la oración principal
> - resumir la información o la evidencia presentada en el cuerpo del párrafo
> - terminar de manera satisfactoria una narración breve
> - ofrecer una opinión sobre la idea central
> - predecir (*predict*) las consecuencias de la información presentada

1. A pesar de lo que dicen muchos expertos, yo dudo que leer un periódico todos los días te haga más inteligente.

2. **¡¡Pierda 10 pesos en 10 días!!** Es muy fácil adelgazar si Ud. sigue estos tres pasos.

© by Vista Higher Learning, Inc. All rights reserved.

3. El día del examen, Ariel se escribió respuestas y apuntes en el brazo izquierdo.

4. Muchos estudiantes no creen que sea más rápido escribir la tarea a mano.

 © by Vista Higher Learning, Inc. All rights reserved.

4 **Estrategia: Prestar atención a la audiencia y el registro de habla** La audiencia se refiere a los lectores a los cuales diriges un texto. Por ejemplo, si escribes un cuento sobre un muchacho vampiro de veinte años, es probable que tus lectores típicos, o tu audiencia, sean otros adolescentes o adultos jóvenes que se interesen en la vida de los vampiros, las ciencias ocultas, lo gótico, etc.

Análogamente (*Similarly*), **el registro de habla** se refiere a cómo te diriges a diferentes personas. Cuando hablas con tus amigos o con tus familiares, por ejemplo, empleas palabras y una manera de expresarte distintas a las que usas cuando hablas con un(a) maestro/a, con una persona mayor que no conoces muy bien o con la gente que encuentras en situaciones profesionales.

En cuanto a escribir para una cierta audiencia o para comunicarte con cierto registro, el nivel de formalidad se transmite de varias maneras en español. La más obvia, que probablemente aprendiste en las primeras semanas de tus estudios del idioma, es la distinción entre tratar de **tú** o de **usted**. Las palabras y expresiones que eliges también indican un registro informal o uno más formal. Piensa en la diferencia entre cómo los amigos se saludan (**¿Qué onda?**, **¿Qué hubo?**, **¡Hola!**) y cómo se saluda la gente en situaciones que requieren más cortesía y más formalidad (**Buenos días. Buenas tardes.**). Además, se pueden usar distintos tiempos verbales (*verb tenses*) para elevar el nivel de formalidad:

Informal	Formal
¿**Puedes** pasar por el supermercado después de las clases?	¿**Podría** Ud. pasar por mi consultorio a las tres de la tarde? [condicional]
Queremos dos biscochos. [hablando a tu hermana]	Camarero, **quisiéramos** dos cocteles de camarones, **por favor**. [imperfecto del subjuntivo]
Quiero ver las fotos de tus vacaciones.	**Me gustaría** ver las fotos de sus vacaciones. [condicional]
Busca tu tarea en tu cuarto. [mandato informal]	**Busque** Ud. el informe en su despacho (*office*), **por favor**. [mandato formal]

PRÁCTICA 1: Vas a escribir siete u ocho consejos a las siguiente personas sobre lo que deben y no deben hacer para sentirse mejor y para llevar una vida sana. Primero, lee las descripciones.

1. **Una estudiante de tu edad** Esta persona participa en la clase de educación física, pero en casa es bastante sedentaria. Come las comidas típicas para una adolescente, como papas fritas, nachos, comida rápida, sodas y dulces. Tiene varias alergias a comidas diferentes. Su horario para dormir es irregular.
2. **Una mujer embarazada de 26 años** Esta mujer se siente cansada y está de mal humor la mayor parte del tiempo. Come muchísimo y ha ganado 45 libras. Tiene antojos (*cravings*) para los melocotones y los rábanos (*radishes*). Le duelen sus pies y su espalda. Su esposo no sabe cocinar y por eso trae comida china, pizza y hamburguesas a casa para cenar.
3. **Un hombre de 53 años** Este hombre no duerme mucho. Fuma (*smokes*) y bebe entre cinco y siete tazas de café fuerte al día. Come carne a menudo, pero verduras casi nunca. Sufre con exceso de peso y su presión arterial (*blood pressure*) está altísima.

© by Vista Higher Learning, Inc. All rights reserved.

PRÁCTICA 2: Antes de escribir, prepara una lista con los consejos más importantes para cada persona. Anota de una manera sencilla (*simple*) los temas que vas a elaborar para cada una. Puedes usar estas ideas para tus consejos:

- qué alimentos deben comer y cuáles deben evitar
- cuántas comidas deben tomar al día
- cuántas horas que deben dormir al día
- qué hábitos deben evitar
- qué y cuánto ejercicio deben hacer

Ideas, temas, apuntes, etc.
1. Una estudiante de tu edad
2. Una mujer embarazada de 26 años
3. Un hombre de 53 años

© by Vista Higher Learning, Inc. All rights reserved.

PRÁCTICA 3: Escribe un correo electrónico para cada persona, el cual debe incluir siete u ocho consejos, cada uno incluyendo formas del subjuntivo o del imperativo. Ten en cuenta (*Keep in mind*) la audiencia para que escribas la entrada usando un registro apropiado.

Por ejemplo:

¡Más actividad y menos calorías!

Chica, deja la soda y toma un vaso de agua fría de vez en cuando...

1. **Una estudiante de tu edad**

2. **Una mujer embarazada de 26 años**

© by Vista Higher Learning, Inc. All rights reserved.

3. Un hombre de 53 años

____

5

Repaso: Preguntas periodísticas A menudo será más fácil escribir un texto si aplicas *las seis preguntas periodísticas*. Quizás ya hayas trabajado con estas preguntas en **Senderos 3** (ver la **Lección 6** del ***Senderos 3 Writing Proficiency Workbook***). Estas preguntas básicas aseguran que cualquier escritor/a produzca un texto completo, es decir, un texto que provea toda la información esencial para comprender su idea central.

Las seis preguntas periodísticas

- ¿**Quién/es** está/n involucrado/s (*involved*)?
- ¿**Qué** pasó?
- ¿**Cuándo** pasó?
- ¿**Dónde** pasó?
- ¿**Por qué** pasó?
- ¿**Cómo** pasó o cómo terminó?

ETAPA 1: Vas a escribir un breve artículo (200 palabras) sobre algo que ocurrió (**el acontecimiento**) en tu escuela o en tu comunidad durante el último mes. Para empezar, elige un tema para tu artículo y anota la información esencial, contestando cada una de las preguntas periodísticas.

El acontecimiento sobre el cual voy a escribir: ______

1. ¿Quién/es está/n involucrado/s? ______
2. ¿Qué pasó? ______
3. ¿Cuándo pasó? ______
4. ¿Dónde pasó? ______

 © by Vista Higher Learning, Inc. All rights reserved.

Nombre ______________________ Fecha ______________________

5. ¿Por qué pasó? ______________________

6. ¿Cómo pasó o cómo terminó? ______________________

7. Otros detalles importantes ______________________

ETAPA 2: Emplea una de las técnicas que has aprendido para planear y organizar tus ideas lógicamente.

El plan para mi artículo:

© by Vista Higher Learning, Inc. All rights reserved.

ETAPA 3: Basándote en las ideas que anotaste en la **Etapa 1** y la planificación que hiciste en la **Etapa 2**, escribe el primer borrador de tu artículo. Cuando termines tu borrador, intercambia cuadernos con un(a) compañero/a de clase. Consulta las **Listas de revisión** en las páginas 75–76 para ayudarte a hacer comentarios constructivos sobre el borrador de tu compañero/a, y escríbelos directamente en la columna para **Comentarios**. Después, discute los comentarios con él/ella.

Comentarios

etc.

ETAPA 4: Ya es hora de escribir la versión final de tu artículo. Puedes hacer los cambios o las correcciones sugeridos por tu compañero/a. Escoge un título que atraiga el interés de los lectores potenciales. Escribe la versión final de tu narración en tu computadora portátil, tu tablet o cualquier aparato que prefieras de modo que puedas guardar el documento. Luego, entrégale tu artículo a tu maestro/a.

 © by Vista Higher Learning, Inc. All rights reserved.

6 **Estrategia: Lo esencial de escribir un resumen** Cuando escribes un **resumen**, tu meta es considerar lo esencial de un texto y volver a expresarlo de una manera más breve. Para lograr eso, es importante saber **parafrasear** la trama (*plot*), es decir, explicarla en tus propias palabras.

Cuanto más larga sea la obra, más largo será el resumen de la misma. Las distintas versiones de *El Ingenioso Hidalgo Don Quijote de la Mancha* (conocido popularmente por el título abreviado *Don Quijote*) suelen comprender entre 900 y 1.000 páginas. Obviamente, un resumen bastante detallado de tal obra sería por lo menos 50 páginas. En cambio, el resumen de un cuento de diez páginas debe ser solamente unos cuantos párrafos en total.

Para escribir un buen resumen, ten en cuenta lo siguiente:

- Concéntrate en la idea central del texto original.
- Responde a todas las preguntas periodísticas (ver página 46).
- No vuelvas a escribir el texto original — mantén la brevedad (*keep it short*).
- Emplea la paráfrasis, es decir, usa tus propias palabras.
- Resume la totalidad de un texto, incluso el desenlace (*ending*).
- **¡Cuidado!** No incluyas tus opiniones ni tu análisis de los personajes, la trama, etc. en un resumen. Puedes hacer esto si escribes una crítica literaria.

PRÁCTICA 1: Escribe una paráfrasis de cada oración o grupo de oraciones. **Recuerda:** Una paráfrasis no tiene que ser más corta que el texto original, pero sí tiene que expresar toda la información importante en tus propias palabras. Sigue el modelo.

modelo

Habrá un concierto gratis en el parque botánico enfrente del Café Viena el último viernes de junio, julio y agosto. Los músicos, que son todos de nuestra región, presentarán distintos géneros como el jazz, la clásica y las danzas indígenas.

Unos músicos regionales organizarán tres conciertos gratuitos de diferentes estilos musicales. Cada concierto tendrá lugar el último viernes de los meses veraniegos en el jardín botánico cerca del Café Viena.

1. Ayer la policía le puso una multa (*gave a ticket*) a ese conductor, su quinta multa del año. Estaba en peligro de perder su licencia de manejar, y hoy mismo él chocó con un autobús escolar. Buena noticia: Esta vez solamente los dos vehículos fueron dañados.

____

____

____

____

____

2. Veintiún por ciento de los estudiantes internacionales que asisten a universidades norteamericanas se especializan en negocios y administración de empresas, el campo de estudio más popular entre ellos.

____

____

____

____

____

© by Vista Higher Learning, Inc. All rights reserved.

3. En los años después de la Primera Guerra Mundial, las nuevas tecnologías llevaron a grandes cambios en la sociedad estadounidense, lo cual hizo posible que millones de personas mejoraran su vida.

4. Imelda pide que su maestra excuse su ausencia, pero la maestra se rehúsa hasta que Imelda le traiga una nota de su médico.

PRÁCTICA 2: Lee cada pasaje y escribe una o dos oraciones que resuman su contenido.

1. Mi tía Lucía nació y creció en el campo, y por eso no depende de los medicamentos de venta libre° ni de las drogas recetadas para curar problemas menores de salud. Ni siquiera tiene una botella de aspirinas o de ibuprofeno en su botiquín°. En cambio, nuestra chamana favorita sabe preparar los remedios caseros° usando ingredientes naturales como hierbas, especias, flores y verduras comunes. Con una olla de agua hirviendo elabora diferentes tipos de té para tratar la tos, el resfrío, las alergias y hasta la gripe. Por eso decimos que Lucía convierte su cocina en una farmacia cuando alguien se enferme.

   de venta libre *over the counter* botiquín *medicine cabinet* caseros *household, homemade*

   Resumen:

2. La próxima vez que quieras celebrar el cumpleaños de un buen amigo, ¿por qué no planificas una fiesta sorpresa? Como cualquier en fiesta, habrá un millón de detalles para organizar, pero el más importante es guardar el secreto. Por eso, es mejor que lleves a cabo todos los preparativos con la ayuda de solamente una o dos otras personas... o que lo hagas sin que nadie te asista. ¡Uy! Además, inicialmente tendrás que tomar algunas decisiones importantísimas: ¿cuándo dar la fiesta? ¿dónde? ¿a quiénes invitar? ¿cuánto gastar?... ¡te va a poner la cabeza como un bombo°! Pero no te rindas° tan pronto. Si sigues nuestros diez pasos sencillos, tu proyecto va a cuajar° y la celebración resultará todo un éxito. Bueno, ¡respira hondo y manos a la obra°!

   ¡te va a poner...! *it'll make your head spin!* no te rindas *don't give up* cuajar *come together* manos a la obra *get to work*

   Resumen:

© by Vista Higher Learning, Inc. All rights reserved.

3. En este momento, estás participando en la maravilla° del alfabetismo°. Debido a las palabras impresas, las personas pueden enviar información a través del tiempo y el espacio, a través de miles de kilómetros y miles de años. La impresión° hace posible que los textos producidos en la antigüedad° influyan en los acontecimientos actuales y que nos ofrezcan conocimientos que de otro modo se habrían perdido. Gran parte del crédito por el desarrollo de este fenómeno puede atribuirse a un solo hombre: Johannes Gutenberg, inventor alemán de la prensa de imprenta con tipos móviles° moderna.

   maravilla *wonder, marvel* alfabetismo *literacy* impresión *printing* en la antigüedad *in antiquity* tipos móviles *movable type*

   Resumen: ____________________

PRÁCTICA 3: Lee o vuelve a leer el texto **De abuelos y chamanes** en la sección **El mundo hispano** de **Senderos 4** (p. 142). Luego resume las ideas centrales de la lectura en solamente tres o cuatro oraciones.

© by Vista Higher Learning, Inc. All rights reserved.

Lección 5

1 **Repaso: Hechos y opiniones** En Senderos 3 has estudiado el papel que hacen los hechos y las opiniones en los textos formales. Cuando escribes una composición académica, a menudo tienes que apoyar con pruebas concretas los puntos principales, o las ideas centrales, de tu documento. El punto principal del documento podría ser una **opinión** que tienes que defender o que deseas que tus lectores acepten. Las pruebas que ofreces suelen consistir o basarse en **hechos**.

Para escribir un documento académico convincente y aceptable, tienes que ser capaz de distinguir entre un hecho y una opinión. Esto parece bastante sencillo, ¿no? Has aprendido y memorizado un montón de hechos en la primaria y la secundaria: La Tierra es redonda, Estados Unidos se independizó de Inglaterra en 1776, 2 y 2 son 4, el agua se convierte en hielo a los 32 grados Fahrenheit y muchos más. Pero considera estas palabras del anterior Juez Asociado de la Corte Suprema de los Estados Unidos, Antonin Scalia:

> *La Corte Suprema tiene el mismo problema que el resto de nosotros: averiguar cómo distinguir entre los hechos <u>reales</u> y los hechos <u>de Internet</u>...*

Esta advertencia (*warning*) te servirá bien cuando busques información en la red. No todo lo que parece ser un hecho es un hecho real.

Según se define, **un hecho** se refiere a cualquier acción o evento que ya ha tenido lugar. La información presentada por un hecho es objetiva e imparcial (no influenciada por los propios sentimientos o juicios del autor) y es verificable o puede ser demostrada. En cambio, **un hecho de Internet** es una declaración de información falsa o parcialmente verdadera que por su difusión extensa y su popularidad se considera absolutamente cierta.

A diferencia de un hecho, **una opinión** es una declaración o punto de vista que no es concluyente y que se basa en un juicio o en los sentimientos personales. El mensaje subyacente (*underlying*) de una opinión puede basarse a veces en un hecho (aunque no siempre), pero esta información está coloreada por las creencias personales del autor.

ETAPA 1: Lee cada oración e indica si es un **HECHO** o una **OPINIÓN**.

1. México se convirtió en una nación mejor y más estable después de separarse de España. HECHO OPINIÓN
2. En 2016 en los Estado Unidos se botaron más de 50 mil millones (*billion*) de botellas de plástico. HECHO OPINIÓN
3. Jorge Luis Borges, autor argentino, nunca recibió el Premio Nobel de Literatura aunque lo mereció. HECHO OPINIÓN
4. Se requiere que todos los pasajeros se pongan el cinturón de seguridad antes de que despegue el avión. HECHO OPINIÓN
5. *Como agua para chocolate* fue incluida en la lista de las 100 mejores novelas en español del siglo XX del periódico español *El Mundo*. HECHO OPINIÓN
6. Es ilegal desconectar los detectores de humo (*smoke*) en los cuartos de baño del avión. HECHO OPINIÓN
7. El hotel que incluye el desayuno gratuito es una mejor oferta. HECHO OPINIÓN
8. Una brújula rota no te guía de manera fiable (*reliable*). HECHO OPINIÓN
9. Es más fácil remar una balsa (*raft*) que un bote de remos. HECHO OPINIÓN

© by Vista Higher Learning, Inc. All rights reserved.

10. Para conocer las Antillas tomar un crucero es más divertido que viajar en avión. HECHO OPINIÓN
11. La mayor parte de los cafetales mundiales se encuentran en zonas montañosas. HECHO OPINIÓN
12. Los agentes de viajes cobran demasiado por los tiquetes; es más económico comprarlos en Internet. HECHO OPINIÓN

ETAPA 2: Lee las siguientes oraciones y decide si cada una expresa un hecho o una opinión. Indica los hechos con una **H** y las opiniones con una **O**. Luego, vuelve a escribir las oraciones, convirtiendo cada hecho en opinión y cada opinión en hecho. Sigue el modelo.

modelo

___H___ En la Florida la temporada lluviosa y calurosa empieza en mayo y termina en septiembre u octubre.

ESCRIBES UNA OPINIÓN: No vale la pena visitar la Florida durante la temporada lluviosa y calurosa.

1. _____ Las pirámides mayas y sus tallados (*carvings*) son increíblemente fascinantes.

____

____

2. _____ Siempre es más cómodo alojarse en un hotel que tenga aire acondicionado.

____

____

3. _____ El primer ministro hizo construir una mansión que tiene 12 recámaras y 15 cuartos de baño.

____

____

4. _____ Nos quedó la mayor parte de la torta.

____

____

5. _____ Según la revista *Forbes*, la red social más utilizada en Latinoamérica sigue siendo Facebook.

____

____

6. _____ Cuando fue al estadio para ver el partido de fútbol, Pablo perdió su carro en el enorme estacionamiento.

____

____

7. _____ Para ser presidente, ese hombre tiene un vocabulario muy reducido.

____

____

 © by Vista Higher Learning, Inc. All rights reserved.

8. _____ Cuba es la única isla caribeña con un sistema ferroviario (*railroad*).

______

______

9. _____ Hugo no sabe hacer una maleta porque su esposa siempre se las hace.

______

______

10. _____ En 2001, Ecuador y El Salvador cambiaron su moneda oficial al dólar estadounidense, reemplazando el sucre y el colón respectivamente.

______

______

ETAPA 3: Apunta tres datos verificables (**hechos**) y tres juicios personales (**opiniones**) acerca de cada uno de los siguientes temas.

1. el ecoturismo

Hechos

a. ______

______

b. ______

______

c. ______

______

Opiniones

d. ______

______

e. ______

______

f. ______

______

2. tu equipo deportivo favorito

Nombre del equipo: ______

Hechos

a. ______

______

b. ______

______

© by Vista Higher Learning, Inc. All rights reserved.

c. ______

Opiniones

d. ______

e. ______

f. ______

3. las vacaciones de verano

Hechos

a. ______

b. ______

c. ______

Opiniones

d. ______

e. ______

f. ______

 © by Vista Higher Learning, Inc. All rights reserved.

Lección 5

2 **Lo esencial de expresar y apoyar una opinión** Cuando propones una opinión por escrito – es decir, de una manera formal – es importante que la respaldes con hechos y datos verificables y no solamente con más opiniones. Por ejemplo, compara estas dos tesis:

> **En mi opinión, la Casa de Barbacoa es el mejor restaurante en nuestra ciudad** porque [1] sirven porciones muy generosas, [2] la comida está riquísima y [3] a sus clientes les encanta el ambiente informal. [una opinión apoyada por otras tres]
>
> **En mi opinión, la Casa de Barbacoa sigue siendo un restaurante popular** porque [1] sirven un menú variado, [2] quedan abiertos hasta muy tarde y [3] reciben críticas favorables cada año. [una opinión apoyada por tres datos verificables]

En el segundo ejemplo, las razones dadas pueden ser verificadas fácilmente al leer el menú, al mirar el horario y al buscar y examinar las críticas de años pasados en la biblioteca o en Internet (en páginas confiables). En cambio, el primer ejemplo trata de apoyar la afirmación de que es el mejor restaurante de la ciudad. Casi nunca es posible apoyar tal aserción con hechos porque “mejor” expresa una cualidad subjetiva, basada solamente en los sentimientos, los gustos y los juicios (*judgments*) personales. Por eso, esta opinión subjetiva depende del apoyo de más opiniones que son ellas mismas subjetivas.

Cuando expreses una opinión para una tarea académica, es importante que la apoyes con hechos, datos y cifras verificables. Ten en cuenta las directrices (*guidelines*) a continuación.

- Evita palabras superlativas y subjetivas.
- Escribe una oración principal (la tesis) que indique explícitamente que estás expresando una opinión: **En mi opinión..., A mi parecer..., Creo que...**, etc.
- Presenta por lo menos tres razones concretas (hechos) que respalden tu opinión.
- Para este tipo de tarea, la meta es presentar una opinión y apoyarla lo suficientemente bien para que tus lectores queden convencidos de que tu punto de vista es válido y plausible. No es necesario que tu audiencia cambie sus opiniones ni que se pongan de acuerdo con lo que afirmas.

ETAPA 1: Vas a escribir un ensayo de opinión sobre cualquier tema que quieras, con tal de que expreses una opinión que puedas apoyar con datos verificables. Vas a investigar un tema que escojas en Internet, en la biblioteca o de alguna otra manera para recolectar datos y hechos fiables (*reliable*).

Es muy importante que elijas un tema que puedas apoyar con información verificable y no solamente con opiniones tuyas. Teniendo en cuenta este requisito, anota aquí algunas ideas para el tema de tu ensayo e ideas para datos que puedas usar para apoyar tu opinión. **¡Atención!** Es posible que necesites cambiar o modificar tus ideas cuando investigues el tema. No te preocupes por eso – ¡es una parte normal del proceso!

© by Vista Higher Learning, Inc. All rights reserved.

Lección 5

ETAPA 2: Escoge un tema y escribe una versión de la oración principal (la tesis). Esta oración puede seguir este patrón:

[*Declaración de tu opinión*] porque [*razón 1*], [*razón 2*] y [*razón 3*].

Tener escrita una versión de la tesis te ayudará a precisar (*specify*) el tipo de información que necesitas buscar. Pero a veces hay que cambiar una de las razones originales, y esto es perfectamente aceptable. En este caso, puedes revisar la tesis más tarde para reflejar la información que lograste (*managed*) encontrar.

Tema del ensayo: ______________________________

____

Tesis (1era versión): ______________________________

____

____

____

____

ETAPA 3: Ponte a investigar (*Start researching*) tu tema para encontrar por lo menos tres hechos (las tres razones) que den crédito (*give credence*) a tu opinión. Anota los hechos que vas a usar en tu ensayo.

¡Recuerda! Al realizar la investigación es posible que encuentres información diferente de la de tu tesis original. En este caso, escribe una nueva versión de ella, integrando las nuevas razones.

Hecho/Razón 1: ______________________________

____

____

____

____

Hecho/Razón 2: ______________________________

____

____

____

____

Hecho/Razón 3: ______________________________

____

____

____

____

Tesis (nueva versión, si es necesaria): ______________________________

____

____

____

____

 © by Vista Higher Learning, Inc. All rights reserved.

ETAPA 4: Ahora escribe el primer borrador de tu ensayo de opinión. Redáctalo en tu computadora portátil, tu tablet o cualquier aparato que prefieras de modo que puedas guardar el documento. Al final, escribe una conclusión que vuelva a declarar tu opinión con palabras diferentes y que termine tu ensayo de una manera satisfactoria.

ETAPA 5: Ya es hora de preparar la versión final de tu ensayo de opinión. Consulta las **Listas de revisión** en las páginas 75–76 para ayudarte a buscar errores y hacer las correcciones necesarias. ¿Qué detalles añadirías (*would you add*)? ¿Cuáles quitarías (*would you delete*)? Verifica la cohesión del ensayo. Guarda la versión corregida en un documento nuevo (por ejemplo, **opinion_version2**). Luego, entrégale tu ensayo a tu maestro/a.

3 **Estrategia: Leer en voz alta antes de revisar** A lo largo de este cuaderno, has seguido un proceso de tres pasos básicos para redactar un texto:

1. **generar** y **organizar** tus ideas,
2. **escribir** un borrador y
3. **revisar** y **evaluar** tu trabajo.

A veces la revisión incluye la crítica de un(a) compañero/a de clase en la cual él/ella comenta el estilo y el contenido de tu texto.

Otra manera de evaluar tu trabajo es leerlo en voz alta tú mismo/a o, mejor aún, escuchar mientras un(a) compañero/a lo lee. Estás acostumbrado/a a revisar tus propias palabras en silencio en la página o en la pantalla. Pero cuando un(a) compañero/a lee tu texto en voz alta, puedes notar lugares donde él/ella tropieza con (*trips on*) tus palabras. ¿Es porque son torpes (*awkward*) o equivocadas? ¿Hay algún error de gramática? Cuando un(a) compañero/a tiene dificultades al leer tu texto, a menudo indica que debes corregir o cambiar algo.

La próxima vez que un(a) compañero/a repase tu composición, ten listas dos copias de ella. Mientras él/ella lo lee en voz alta, puedes marcar en tu copia las cosas que necesiten más atención. Escribe una X en el margen, subraya el texto o márcalo con un resaltador (*highlighter*). Al final, sabrás lo que debes corregir o cambiar cuando prepares la versión final.

PRÁCTICA 1: Tu escuela patrocina (*is sponsoring*) un viaje a una ciudad o un país hispanohablante para un grupo de estudiantes de español. Eres responsable de preparar el volante (*leaflet, flyer*) sobre el destino y las cosas que recomiendas que hagan los estudiantes viajeros allí. Debes elegir bien qué sitio crees que les va a gustar más.

¡Atención! Es posible que tengas que hacer un poco de investigación acerca del destino para poder crear un volante certero (*accurate*).

El destino del tour es ____.

PRÁCTICA 2: Vas a escribir una descripción del tour en tres partes:

- Comienza con una breve introducción con la información más esencial sobre el viaje: destino, fechas, costo por estudiante, etc.
- En el volante les ofreces por lo menos cinco datos sobre el destino y seis consejos a tus compañeros/as sobre el clima del lugar, la ropa que deben llevar, el hotel donde pueden alojarse y los espectáculos culturales a los que pueden asistir. Debes usar el subjuntivo en todas tus recomendaciones, junto con expresiones como éstas: **Es importante que..., Les recomiendo que..., Busquen un hotel que..., Es probable que..., Es mejor que..., Visiten lugares donde...**, etc.
- En la conclusión debes expresar el deseo de que muchos estudiantes participen y que lo pasen bien.

© by Vista Higher Learning, Inc. All rights reserved.

Primero completa este recuadro con ideas para tus consejos de viaje. Si es necesario, busca información sobre tu destino en Internet o en la biblioteca. Pon las sugerencias afirmativas en la columna **Sí** y las sugerencias negativas en la columna **No**.

Destino del tour: ______		
	SÍ	**NO**
clima, ropa y equipaje		
hotel		
espectáculos culturales		
lugares cercanos (*nearby*)		
naturaleza		
otro:		

PRÁCTICA 3: Usa las ideas del recuadro para escribir tus sugerencias. Incluye por lo menos una forma del subjuntivo en cada consejo que escribes.

modelo

Como hace mucho calor durante esta temporada, les recomiendo que lleven ropa ligera. Es un calor seco, por eso no es necesario que traigan paraguas.

 © by Vista Higher Learning, Inc. All rights reserved.

PRÁCTICA 4: Ahora redacta un borrador del volante basándote en la información de las **Etapas 2** y **3**. Incluye una introducción, tus consejos y una conclusión. Además debes incluir un título en letras negrillas (*boldface*) y una o dos fotos del destino. Escribe esta versión de tu volante en tu computadora portátil, tu tablet o cualquier aparato que prefieras de modo que puedas guardar el documento. Imprime y trae a clase tres copias del volante: una para ti, una para tu compañero/a de clase y una para el/la maestro/a.

PRÁCTICA 5: Intercambia tu borrador con un(a) compañero/a de clase y túrnense para leer los borradores. Presta atención mientras él/ella lo lee en voz alta. Marca tu copia del borrador según la información de arriba.

PRÁCTICA 6: Ya es hora de preparar la versión final de tu volante. Repásalo una vez más y corrige los errores que encuentres. ¿Hay algo que quieras añadir o quitar? Hazlo ahora y guarda la versión corregida en un documento nuevo (por ejemplo, **volante_version2**). Luego, entrégale tu volante a tu maestro/a.

4 **Estrategia: Realizar un esquema** Un **esquema** es un resumen o un plan jerarquizado (*ranked, ordered*) de un escrito que contiene de forma abreviada las ideas principales, las ideas secundarias y los detalles del texto. Con un esquema, puedes

- planificar el contenido de un trabajo escrito, o
- representar las ideas centrales y los detalles importantes de un texto.

Es probable que hayas visto o hayas usado un esquema a lo largo de tus estudios. Muchos maestros requieren la realización de un esquema como un paso integral del proceso de redacción. Otros sugieren que elabores un esquema del contenido de un capítulo como guía de estudio.

El esquema más común usa:

- los números romanos (I, II, III, etc.) para indicar los títulos (temas) principales
- las letras mayúsculas (A, B, C, etc.) para ordenar las ideas secundarias bajo los títulos principales
- los números arábicos (1, 2, 3, etc.) para organizar los detalles del tercer nivel y hasta las letras minúsculas (a, b, c) y los números romanos minúsculos (i, ii, iii) en los casos de los esquemas más detallados. Pero frecuentemente un sistema de tres niveles es suficiente.

Hay varios estilos de esquemas que puedes adaptar, especialmente entre los que puedes crear digitalmente. Para tu esquema puedes emplear palabras clave y frases muy cortas u oraciones completas, cualquier opción que prefieras.

PRÁCTICA 1: Natalia, una estudiante de secundaria, elaboró el siguiente esquema antes de escribir un ensayo sobre su deporte favorito. Este ensayo consistió en cinco párrafos. Completa el esquema con las oraciones y frases que faltan.

Lista de oraciones y frases	
La natación también proporciona algunos beneficios físicos adicionales. Especialmente en los relevos (*relays*) Más confianza y autoestima (*self-esteem*) Menos riesgo de lesiones que los deportes de contacto	Mi experiencia personal como una nadadora competitiva Un deporte en el cual se puede participar a cualquier edad en los encuentros competitivos Desarrolla la fuerza muscular.

© by Vista Higher Learning, Inc. All rights reserved.

La natación

I. Introducción

II. La natación proporciona muchos de los mismos beneficios que los otros deportes.

A. Es buen ejercicio cardiovascular.

B. ______________________

C. Promueve la cooperación entre los miembros del equipo.

1. ______________________

2. ______________________

III. ______________________

____

A. Una habilidad importante que se puede utilizar para siempre

B. ______________________

C. ______________________

IV. ______________________

A. Una buena relación con mi entrenadora

B. Nuevas amistades que voy a tener por muchos años

C. ______________________

V. Conclusión

PRÁCTICA 2: Basándote en el esquema de Natalia, prepara tu propio esquema para un ensayo personal de cinco párrafos. Puedes escoger cualquier tema que quieras (¡excepto la natación!). Organiza tu esquema según las convenciones presentadas arriba.

¡Atención! Si tienes dificultades para escoger un tema o para generar ideas, emplea una de las técnicas de pre-escritura que estudiaste en este cuaderno: la escritura libre, el mapa de ideas o el diagrama de Venn, por ejemplo.

Tema del ensayo: ______________________

© by Vista Higher Learning, Inc. All rights reserved.

5 **Las introducciones** La **introducción** de un ensayo o de un informe sirve para anunciar su tema. Incluye información sobre este tema y presagia (*foreshadows*) el contenido que los lectores deben anticipar.

Cuando escribes un ensayo personal, la introducción puede comprender (*incluir*) una anécdota (ver la **Actividad 4** de la **Lección 3** de este cuaderno). Las anécdotas tienden a captar la atención de los lectores porque a menudo ellos o alguien que conocen han tenido una experiencia similar. Esto crea una conexión inmediata con el texto. O, en algunos casos, una anécdota puede ofrecer una sorpresa, algo inesperado que atraiga el interés del lector.

Natalia, la estudiante que elaboró el esquema en la actividad anterior, usó una anécdota en la introducción de su ensayo personal.

> En mi vida he practicado y he participado en muchos deportes diferentes, como el fútbol, el basquetbol, el hockey de campo y otros. Pero hace tres años tuve un accidente en la cancha de vóleibol y me lastimé los músculos de la espalda inferior (*lower*). Como terapia, la médica me sugirió que nadara por una hora tres veces a la semana. Como consecuencia, descubrí que este deporte de bajo impacto me encantaba. Dejé atrás los otros deportes de contacto y me dediqué a la natación porque **proporciona muchos de los mismos beneficios que los otros deportes**. Además, **había otros beneficios adicionales físicos** y **sociales**.

Las tres partes subrayadas corresponden a tres de los títulos (temas) principales del esquema:

II. La natación proporciona muchos de los mismos beneficios que los otros deportes.

III. La natación también proporciona algunos beneficios físicos adicionales.

IV. Mi experiencia personal como una nadadora competitiva (*o sea*, beneficios sociales)

Así, al leer la introducción, los lectores saben exactamente de qué va a tratar el ensayo. Y esto es el mayor propósito de una introducción bien escrita.

PRÁCTICA 1

1. Lee la siguiente introducción de un ensayo personal. Al leerla, subraya o marca de alguna manera las ideas principales que crees que van a ser los temas de los tres párrafos que forman el cuerpo del ensayo.

> **Lo que aprendí en el mercado callejero**
>
> Mi primer viaje a América Latina fue cuando yo era misionero adolescente. Estar lejos del hogar no era nada nuevo, pero viajar tan lejos era intimidante, no sólo para mí, sino también para todos mis colegas. Aunque gran parte de la vida es la misma adondequiera que vayas°, también hay costumbres que te pueden sorprender. Por ejemplo, no estaba acostumbrado a negociar con vendedores en el mercado. En mi ciudad, el precio marcado en un artículo es el precio que se paga. Pero las reglas son diferentes en los mercados callejeros. Aprendí rápidamente que el regateo es tanto un acto cultural como un intercambio financiero. Además, es una oportunidad para ahorrar mucho dinero y para conocer a gente nueva muy interesante y muy diversa a través de conversaciones informales y breves.
>
> La primera vez que fui de compras...
>
> adondequiera que vayas *wherever you go*

© by Vista Higher Learning, Inc. All rights reserved.

2. Escribe una frase o una oración que resuma el tema de cada párrafo del ensayo, basándote en el contenido de la introducción. Incluye unos detalles que pudieran (*could*) aparecer en cada párrafo. **¡Atención!** Vas a tener que adivinar (*guess*) o inventar los detalles porque no se expresan en la introducción.

Párrafo 1

Tema: ______________________

Detalles posibles: ______________________

Párrafo 2

Tema: ______________________

Detalles posibles: ______________________

Párrafo 3

Tema: ______________________

Detalles posibles: ______________________

PRÁCTICA 2: Basándote en el esquema que realizaste para la Práctica 2 de la Estrategia: Realizar un esquema (ver página 62), escribe el primer borrador de la introducción de tu propio ensayo personal. Recuerda usar una anécdota para relatar los temas del ensayo... y para atraer el interés de tus lectores.

____

© by Vista Higher Learning, Inc. All rights reserved.

Nombre ______________________ Fecha ______________________

Lección 6

1 **Antes y después** En cada grupo, lee la oración B. Luego, escribe una oración que podría preceder la oración B y también otra que podría seguirla. Sigue el modelo.

modelo

A. *Claudia y Claudio son gemelos idénticos.*
B. Los dos se preocupan por la deforestación y la destrucción de la capa de ozono.
C. *Pero a pesar de esto, echan las botellas de plástico a la basura sin reciclarlas.*

1. A. ______________________

B. Mamá nos está preparando unos sándwiches para llevar en caso de que no encontremos ningún restaurante barato.
C. ______________________

2. A. ______________________

B. Ojalá llueva esta semana.
C. ______________________

3. A. ______________________

B. Debajo del cacto dormía una serpiente venenosa y Paulina se puso a (*began to*) gritar de miedo cuando la vio.
C. ______________________

4. A. ______________________

B. Con tal de que empiece a reciclar, lo aceptaremos como miembro de nuestro comité.
C. ______________________

5. A. ______________________

© by Vista Higher Learning, Inc. All rights reserved.

B. Mencionó los desechos (*waste*) tóxicos, ¡y pensé que hablaba de la cena que había preparado!
C. ____________________

6. A. ____________________

B. ¡Está construyendo una cerca (*fence*) para que pueda tener una oveja como mascota!
C. ____________________

7. A. ____________________

B. — ¿Qué habrá de almuerzo? me preguntó. Y yo no sabía qué contestar.
C. ____________________

8. A. ____________________

B. Es evidente que solamente pueden contar consigo mismos.
C. ____________________

9. A. ____________________

B. De repente, los cielos empezaron a oscurecerse y el viento a soplar con fuerza tremenda.
C. ____________________

10. A. ____________________

B. Pero yo no tenía ganas de ver la película *A orillas del peligro*.
C. ____________________

11. A. ____________________

© by Vista Higher Learning, Inc. All rights reserved.

B. Según ella, Frida Kahlo fue una de las mujeres más bellas y más fascinantes del siglo XX.

C. ______

12. A. ______

B. Para febrero hace mucho calor y en el jardín algunos árboles están por (*are about to*) florecer.

C. ______

2 **Estrategia: Escribir una conclusión eficaz** ¿Cuántas veces has mirado el fin de una película y has pensado (o has dicho en voz alta) "¡Qué chasco!" (*What a let-down!*) porque el desenlace (*ending*) no tenía sentido o era muy trillado (*cliché*) y nada original? Tu anticipación para ver la continuación (*sequel*) desaparece, y hasta tu opinión de la obra se echa a perder (*is tainted*). Es un buen ejemplo de lo importante que es una conclusión creativa y eficaz.

Es una lástima que algunos escritores arruinen su novela, su cuento o su ensayo con una conclusión débil. Esto le quita la vida de la experiencia de leer un texto. Todo trabajo escrito necesita terminar de manera satisfactoria.

Para evitar la ruina de tu composición tienes que hacerle caso (*pay attention*) a la conclusión y no tratarla con una falta de cuidado, como algo sin importancia. Por eso es mejor que sepas la respuesta a la pregunta: **¿Cuál es la función de la conclusión?**

— Bueno, solamente me queda la conclusión.
¡Cinco minutos más de trabajo y FIN!

Y por supuesto, aquí tenemos la respuesta. Además de mantener la cohesión del ensayo, la conclusión debe:

- volver a declarar la información de la introducción usando diferentes palabras y expresando un entendimiento más analítico,
- resumir cualquier evidencia que fue presentada en el cuerpo del ensayo e interpretar su significado,
- llevar a un fin satisfactorio un cuento o una narración, o terminar una anécdota usada en la introducción,
- ofrecer una opinión o una perspectiva nueva sobre los hechos y los datos incluidos en el ensayo o
- predecir o presagiar (*predict or foreshadow*) un resultado futuro o una consecuencia plausible.

Las siguientes **Prácticas** repasan todo lo que has estudiado acerca de las partes del ensayo, enfatizando lo importante que es la conclusión.

© by Vista Higher Learning, Inc. All rights reserved.

PRÁCTICA 1: Los cinco párrafos siguientes forman un ensayo sobre las causas de la apatía (*apathy, lack of interest*) estudiantil. Pero estos párrafos no están en el orden correcto. Lee cada párrafo rápidamente para captar la idea general. Luego, vuelve a leer cada párrafo con mayor atención y subraya la idea central.

a. ___ El factor más importante para la falta de interés por parte de un estudiante es la situación financiera de su familia. Hay algunos estudiantes, por ejemplo, que piensan que si consiguen matricularse en una universidad, sus familias no podrán encontrar el dinero necesario para su educación. Aparte de esto, algunos estudiantes tienen que trabajar después de la escuela para ayudar a mantener a su familia. Como resultado, no pueden concentrarse lo suficiente en sus estudios y la escuela llega a ser irrelevante, una pérdida de tiempo°.

pérdida de tiempo *waste of time*

b. ___ El factor más común que influye en el rendimiento° académico de los estudiantes es la familia. Si los padres parecen interesados en cómo progresa su hijo en la escuela, el estudiante estará más interesado en sus lecciones también. Los padres educados suelen mostrar más interés en el rendimiento académico de sus hijos. Sin embargo, esto debe ser una práctica común para todas las familias, no sólo para las educadas. Cuando a los padres no les interesa ni el éxito ni el fracaso° de sus hijos, ellos no se preocupan por la escuela ni por las lecciones, y tendrán un pobre desempeño°.

rendimiento *performance* fracaso *failure* pobre desempeño *low level of achievement*

c. ___ En cada escuela, mientras hay estudiantes trabajadores, también hay estudiantes perezosos que no están interesados en nada acerca de sus estudios. Sólo vienen a la escuela, sentarse al fondo de la clase, charlar y molestar a los demás. Hay varios factores que pueden contribuir a tal comportamiento°, como la falta de participación de la familia, la influencia de los compañeros y los problemas financieros.

comportamiento *behavior*

d. ___ Es posible rescatar° de ese destino a estos estudiantes desinteresados y de bajo rendimiento académico. Los padres y los mismos estudiantes pueden ser advertidos°, o el gobierno puede dar ayuda financiera a estas familias. Tal vez sea muy difícil resolver por completo este problema de la apatía y la falta de motivación de parte de algunos estudiantes, pero nuestra sociedad tiene la responsabilidad de tratar de mejorar la situación.

rescatar *to rescue* advertidos *warned, alerted*

e. ___ En muchas escuelas, los estudiantes más conocidos son los que hacen todo menos estudiar. Todo el mundo admira su reputación. Cuando los padres no muestran ningún interés en sus hijos, es probable que se conviertan en uno de esos estudiantes que se ven bien pero que no alcanzan° el éxito académico. Porque en estas edades algunos adolescentes no entienden la importancia del estudio y el aprendizaje – prefieren hacer cosas triviales que parecen realmente importantes entre su grupo de pares°. Su único objetivo es ser bien conocidos – y hasta respetados – en la escuela y pertenecer a un grupo social. Para estos adolescentes, estudiar lecciones y salir bien en los exámenes no es una de las maneras de llegar a ser popular, lo cual es su punto de referencia para el éxito.

alcanzan *reach, attain* pares *peers*

© by Vista Higher Learning, Inc. All rights reserved.

PRÁCTICA 2: Ahora pon en orden correcto los párrafos. Escribe el número apropiado de 1 a 5 en el espacio que precede cada párrafo:

1 = introducción

2–4 = párrafos del cuerpo del ensayo

5 = conclusión

¡Atención! Los párrafos que forman el cuerpo del ensayo tienen un orden específico establecido en la última oración de la introducción.

PRÁCTICA 3: Después de ordenar los párrafos, aquí tienes un desafío (*challenge*) más: Escribe una versión alternativa de la conclusión. No simplemente parafrasees lo que dice el original. Crea **una conclusión totalmente nueva** que cumpla una de las funciones de la lista con viñetas (*bullets*) arriba.

© by Vista Higher Learning, Inc. All rights reserved.

3 **Del esquema al borrador al ensayo final** En la Lección 5 de este cuaderno realizaste un esquema para un ensayo (ver la Actividad 4, páginas 61–62) y luego redactaste el primer borrador de la introducción (ver la Actividad 5, páginas 63–64). Ahora vas a terminar este ensayo.

ETAPA 1: Basándote en el esquema y en la introducción que escribiste anteriormente, redacta el primer borrador de los párrafos que forman el cuerpo del ensayo. Redáctalo en tu computadora portátil, tu tablet o cualquier aparato que prefieras de modo que puedas guardar el documento. Imprime y trae a clase tres copias del cuerpo del ensayo: una para ti, una para tu compañero/a de clase con quien vas a trabajar y una para el/la maestro/a.

ETAPA 2: Intercambia tu borrador imprimido con un(a) compañero/a de clase y túrnense para leer los borradores en voz alta. Presta atención mientras él/ella lo lee. Marca tu copia del borrador según los consejos de la estrategia **Leer en voz alta antes de revisar** (ver página 59). **¡Atención!** Si quieres hacer comentarios sobre el contenido del texto de tu compañero/a, hazlos al terminar de leerlo en voz alta.

Luego, repasa tu borrador y corrige los errores que encuentres. Consulta las **Listas de revisión** en las páginas 75–76 para ayudarte a buscar errores y hacer las correcciones necesarias. Guarda esta versión en un documento nuevo (por ejemplo, ponle el nombre **cuerpodelensayo_revision1**).

ETAPA 3: Ya tienes listos el borrador de la introducción y el cuerpo del ensayo. Ahora vas a escribir una conclusión apropiada. Puedes redactarla en un documento aparte o puedes juntar la introducción y el cuerpo y agregar el borrador de la conclusión. Ponle un nombre diferente al documento y guárdalo.

Al completar la conclusión, es mejor que no trabajes con tu ensayo por al menos un día. De esta manera, cuando prepares la versión final, lo podrás revisar con los ojos frescos y con una mentalidad (*mindset*) más clara.

ETAPA 4: Ya es hora de preparar la versión final de tu ensayo. Repásalo una vez más. ¿Hay algo que quieras añadir o quitar? Hazlo ahora y guarda la versión corregida en un documento nuevo. Luego, entrégale tu ensayo a tu maestro/a.

© by Vista Higher Learning, Inc. All rights reserved.

Nombre ____________________ Fecha ____________________

4 **Estrategia: Lo esencial de usar efectivamente los medios visuales** PRÁCTICA: Antes de leer acerca de los medios visuales, contesta las siguientes preguntas.

1. ¿Para qué sirve una fotografía en una revista? ¿Y en un informe que escribes para una clase?

2. ¿Qué tipo de información demuestra un gráfico circular (*pie chart*)?

3. ¿Qué tipo de información demuestra un diagrama de barras (*bar graph*)?

4. ¿Cuál es la función de los encabezados (*headings*) y los subtítulos (*subheads*) en un texto?

5. ¿Qué información relata un dibujo mecánico?

6. ¿Qué información relata un mapa geográfico? ¿Y un mapa callejero (de una ciudad)?

7. ¿Alguna vez has utilizado los medios visuales en un informe o una composición que escribiste? Si contestas que sí, ¿por qué escogiste ese tipo de medio visual?

Es posible que algunas de las preguntas precedentes te hayan sorprendido, dado que el título se refiere a los medios visuales, los cuales incluyen fotos, ilustraciones y dibujos de colores brillantes. Pero también puede hacer referencia a cualquier truco tipográfico que llame la atención o que facilite (*makes easy*) o mejore la presentación de un texto.

La mayor parte de las tareas escritas que has completado en este cuaderno se han servido solamente de palabras, sin el uso de fotos, dibujos, mapas u otros elementos visuales. Sin embargo, algunos proyectos que realizarás o que ya has realizado, como por ejemplo el volante turístico de la **Lección 5**, serían mejores con la inclusión de algunos elementos visuales. En algunos casos el uso de los medios visuales es indispensable.

© by Vista Higher Learning, Inc. All rights reserved.

Se presenta aquí una lista de posibles medios visuales para emplear en tus futuros trabajos escritos:

- Las *fotos* y los *dibujos* sirven para mostrar, clarificar o ejemplificar algo mencionado en el texto – un tipo de resumen o explicación visual. Como dice el refrán, una imagen vale más que mil palabras. **¡Atención!** Las fotos no se usan solamente para decorar la composición, sino que deben referirse a algo mencionado en el texto.
- Los *encabezados* anuncian breve y rápidamente el tema o el propósito de un texto o de un gráfico. Asegúrese de que el encabezado sea suficientemente corto para aparecer en letras grandes y posiblemente negrillas (*boldface*) sin ocupar demasiado espacio.
- Los *subtítulos* ayudan a dividir un texto largo en partes más breves e indican de qué se trata específicamente cada parte. Pueden aparecer en una fuente (*font, typeface*) distinta, más grande que el texto regular, y hasta pueden tener un color diferente.
- Los *gráficos circulares*, los *diagramas de barras*, las *tablas* y otros gráficos visuales representan y resumen de forma concisa mucha información en poco espacio. Estos formatos facilitan que los lectores entiendan y accedan a mucha información extensa y compleja con un vistazo (*in a glance*).
- Las *listas numeradas* o las *listas con viñetas* (*bullets*), como ésta, condensan la información y la organizan de manera accesible, creando una referencia útil y rápida.
- Algunos *mapas* ilustran la información topográfica y geopolítica de una región. Otros pueden demostrar la ubicación (*location*) de algo, como las paradas de autobús o las estaciones de metro, o la mejor ruta para llegar a un destino determinado.

5 **Un afiche informativo** Vas a trabajar en un grupo de cuatro estudiantes para crear un afiche informativo sobre un área declarada como protegida por la UNESCO.

ETAPA 1: En su grupo, escojan una de estas dos áreas naturales de Cuba para crear su afiche:

1. Valle de Viñales
2. Parque Nacional Alejandro de Humboldt

Van a hacer una investigación sobre este sitio. Divídanse en dos parejas para hacer la investigación y contesten estas preguntas.

Pareja 1	Pareja 2
• ¿Dónde está el sitio? (Márquenlo en un mapa del país.) • ¿Cómo se caracteriza? • ¿Qué flora y fauna se encuentran allí? • ¿Qué formas geológicas? Traten de buscar fotos del sitio o de la flora y fauna de la región.	• ¿Por qué fue declarado patrimonio mundial? • ¿En qué año? • ¿Tiene sólo valor natural o es importante también por su cultura e historia? ¿Por qué? Si encuentran algún gráfico o tabla con datos sobre el sitio, guárdenlo para su afiche.

 © by Vista Higher Learning, Inc. All rights reserved.

ETAPA 2: Una vez que hayan hecho su investigación, júntense para evaluar los datos y los gráficos que recopilaron (*collected*). Antes de ponerse a escribir, deben determinar el diseño del afiche. Una buena manera de hacer esto es crear un diagrama del diseño como el que ven a continuación. Hagan su propio diagrama e incluyan por lo menos cinco de estos elementos: un título, subtítulos, un gráfico, una tabla, un mapa, fotos, dibujos, secciones de texto y leyendas (*captions*) para algunos de los elementos visuales. Luego, revisen el diseño del afiche para calcular cuántas palabras deben escribir para cada sección.

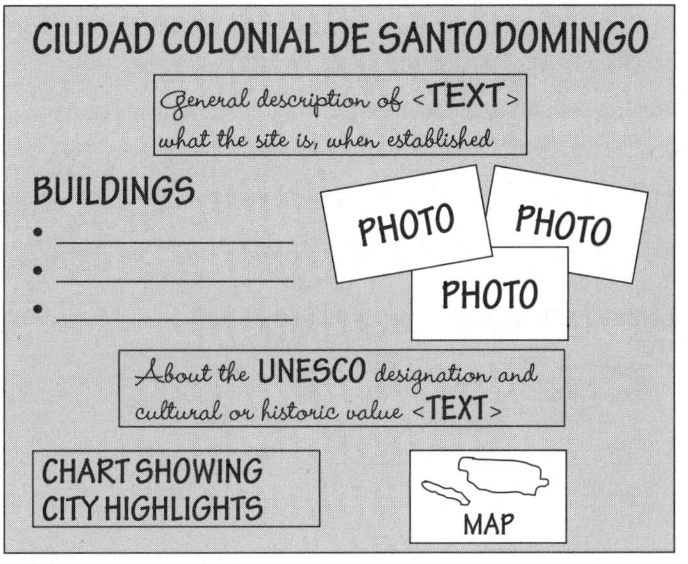

ETAPA 3: Trabajen juntos para escribir el texto, los títulos y los subtítulos del afiche. Luego, revisen el texto y los títulos que escribieron. Consulten las **Listas de revisión** en las páginas 75–76 para ayudarles a buscar errores y hacer las correcciones necesarias.

ETAPA 4: Una vez hayan corregido todos los elementos textuales, preparen el afiche, combinando los elementos visuales con el texto y los títulos. Mientras preparan el afiche, estudien el diagrama que hicieron y traten de crear un afiche que sea tanto informativo como atractivo. Verifiquen lo siguiente antes de entregar su afiche:

- ¿Contestaron Uds. todas las preguntas de la **Etapa 1**?
- ¿Usaron bien las formas del pretérito y del imperfecto para describir el sitio y las acciones de la UNESCO?
- ¿Usaron cinco de los elementos visuales indicados en la **Etapa 2**?
- ¿Organizaron la información y los elementos visuales de una manera coherente y atractiva?

© by Vista Higher Learning, Inc. All rights reserved.

ETAPA 5: Ahora cada estudiante va a trabajar individualmente para escribir una crítica breve sobre uno de los afiches de otro grupo. El propósito de esta crítica es indicar lo que los creadores del afiche hicieron bien y lo que pudieron hacer mejor. Escribe tus comentarios y tu crítica usando un tono respetuoso, y absolutamente no uses palabras como **feo, estúpido** o **aburrido**. Recuerda: ¡Algunos de tus compañeros/as de clase están criticando tu trabajo en este momento!

Tu crítica debe contestar lo siguiente:

- ¿Contiene bastante información interesante y útil sobre el área protegida por la UNESCO? ¿Contestaron ellos todas las preguntas de la **Etapa 1**?
- ¿Los creadores del afiche utilizaron cinco de los elementos visuales indicados en la **Etapa 2**? ¿Los usaron efectivamente?
- ¿Organizaron la información y los elementos visuales de una manera coherente y atractiva?

Además de contestar estas preguntas, haz comentarios propios y específicos; por ejemplo,
La parte del afiche que más me gusta es ___ porque ___ o
No comprendo por qué incluyeron ___ porque esto no ___.

© by Vista Higher Learning, Inc. All rights reserved.

Listas de revisión

Revisión del trabajo de tu compañero/a de clase

El propósito de leer y revisar el trabajo de tu compañero/a es comentar sobre el contenido y el estilo de su borrador. Usa la siguiente lista para guiarte a hacer comentarios útiles y constructivos. Consulta también la lista de consejos **Revisión de tu propio trabajo**, a continuación, para ayudarte a leerlo de manera más crítica.

✓ Lee el borrador de tu compañero/a una vez para captar la idea general. Piensa en lo que leíste y luego vuelve a leerlo por segunda vez antes que hagas cualquier comentario.

✓ Haz sugerencias y comentarios específicos. Es agradable recibir una crítica como "**Me gusta mucho tu párrafo**", pero tal comentario es muy general y no le ayuda a tu compañero/a a mejorar su composición. En cambio, ofrece comentarios más específicos:

- **La parte que más me interesa es ___ porque ___.**
- **La descripción de ___ es muy vívida.**
- **No comprendo bien la parte donde ___. ¿Lo puedes clarificar?**
- **Parece que no has contestado todas la preguntas periodísticas. Te falta ___.**
- **Una sugerencia que te puedo ofrecer para mejorar tu composición es ___.**

✓ Después de leer el borrador, ¿crees que la introducción (o la oración principal) declara claramente el tema? ¿La conclusión termina el borrador de manera satisfactoria?

✓ ¿Hay información o detalles que no pertenezcan, que no respalden (*support*) o contribuyan a la idea central? Indícalos.

✓ ¿Falta alguna información o detalle necesario o importante? Indícalo.

✓ ¿Te confunde alguna parte del borrador? Si es así, ¿qué parte te confunde y por qué?

✓ ¿Son precisas y apropiadas las palabras que escogió tu compañero/a? ¿Varía la longitud de las oraciones, siendo algunas largas y otras más cortas, lo cual hace el borrador más interesante a leer?

Revisión de tu propio trabajo

Cuando leas la versión final de tu composición, antes de entregarla a tu maestro/a, debes revisarla, usando la siguiente lista de consejos. (**Nota:** En esta lista usamos el término general "*composición*" para referirnos a cualquier trabajo escrito: las descripciones, las narraciones, los artículos periodísticos, los resúmenes, etc.)

<u>Consejos para revisar cualquier tipo de composición</u>

✓ Primero, asegúrate de que seguiste las instrucciones de la tarea exactamente y con cuidado. ¿Hiciste todo lo que te pidieron las instrucciones y tu maestro/a?

✓ Verifica lo siguiente:

- la ortografía y el uso correcto de acentos escritos
- la puntuación
- el uso correcto de letras mayúsculas y minúsculas
- la concordancia entre los verbos y sus sujetos, y entre los adjetivos y los sustantivos

© by Vista Higher Learning, Inc. All rights reserved.

✓ ¿Son todas las oraciones de la composición necesarias y apropiadas? Es decir, ¿contienen información necesaria? ¿Se refieren directamente a la idea central del párrafo en el que aparecen o de la composición? ¿Has quitado (*deleted*) o cambiado cualquier oración que no apoye la idea central?

✓ ¿Empleaste los adjetivos, los adverbios, las frases preposicionales y los pronombres relativos para agregar información necesaria y detalles descriptivos?

Consejos para hacer que tu composición sea más interesante y eficaz

✓ ¿Usaste la estrategia de "mostrar en vez de contar"? (ver **Lección 1**)

✓ ¿Incluiste alguna metáfora o algún símil en tu texto? (ver **Lección 2**)

✓ ¿Dirigiste el texto hacia una audiencia específica? ¿Reflejan esto el tono y el lenguaje? (ver **Lección 4**)

✓ ¿Contestaste las seis preguntas periodísticas para proporcionar (*supply*) toda la información esencial? (ver **Lección 4**)

✓ ¿Empleaste los hechos apropiadamente? ¿Expresaste y respaldaste claramente tus opiniones? (ver **Lección 5**)

✓ ¿Integraste algún elemento visual? ¿Lo usaste efectivamente y con un propósito claro? (ver **Lección 6**)

Consejos adicionales para revisar una composición de múltiples párrafos

✓ ¿Tiene la composición una introducción que anuncie su contenido y su propósito? ¿Tiene cada párrafo una oración principal clara que cumpla esta función?

✓ ¿Está organizada la composición? ¿Presenta una idea central (la tesis) y la información y los detalles que la apoyan en un orden lógico que los lectores puedan seguir con facilidad?

✓ ¿Escribiste una conclusión...

- que vuelva a declarar la información de la introducción usando diferentes palabras y expresando un entendimiento más analítico?
- que resuma cualquier evidencia que haya sido presentada en el cuerpo del ensayo y que interprete su significado?
- que lleve a un fin satisfactorio un cuento o una narración, o que termine una anécdota usada en la introducción?
- que ofrezca una opinión o una perspectiva nueva sobre los hechos y los datos incluidos en la composición?
- que prediga un resultado futuro o una consecuencia plausible?

Apunta aquí cualquier problema o error recurrente al que debes prestar atención.

© by Vista Higher Learning, Inc. All rights reserved.